伊斯蘭文化研究系列01

阿布杜熱施德·伊布拉欣
中國紀行

阿布杜熱施德·伊布拉欣 著

馬強　韓小鋒 譯

蘭臺出版社

阿布杜熱施德・伊布拉欣（1852-1944）肖像

位於日本東京多磨靈園的阿布杜熱施德・伊布拉欣之墓

（碑刻內容：奉至仁至慈的真主之名，永世長存的主。偉大的教師和作家、著名旅行家與奮鬥者、尊敬的哈志、法官阿布杜熱施德・伊布拉欣之墓。伊曆 1269 / 西元 1852 年 9 月 17 日生於西伯利亞托博爾省塔拉鎮，歸真于伊曆 1362.09.12 / 西元 1944.08.31，星期五。祈求清高的真主以天堂賞賜他。阿敏。）

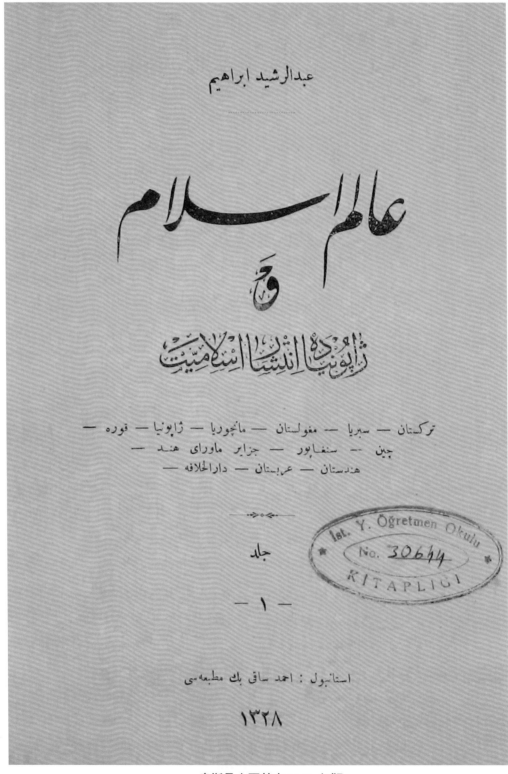

عبدالرشید ابراهیم

عالم اسلام و

ژاپونیاده انتشار اسلامیت

— ترکستان — سیبریا — مغولستان — مانجوریا — ژاپونیا — قوره —
— جین — سنغاپور — جزایر ماورای هند —
— هندستان — عربستان — دارالخلافه —

جلد

— ۱ —

استانبول : احمد ساقی بك مطبعه‌سی

۱۳۲۸

奧斯曼土耳其文 1911 年版

……イスラム系ロシア人の見た明治日本……

ジャポンヤ

アブデュルレシト・イブラヒム————————著
小松香織＋小松久男————————訳

西洋の落日と日本の旭日

〈近代的発展〉と〈東洋の理想〉に燃える
明治日本を訪れたタタール人（韃靼人）の報告。
伊藤博文、大隈重信、東郷提督、頭山満から
無名の庶民までを生き生きと描き出し、
日本人とは何かを探る。オスマン・トルコ語からの原典初訳。

小松香織、小松久男譯《一位俄羅斯穆斯林眼中的明治日本》1991 年版封面

小松久男譯《伊布拉欣的日本之旅》2008 年版封面

العالم الإسلامي
في أوائل القرن العشرين

تأليف: عبد الرشيد ابراهيم

ترجمة: أحمد فؤاد متولي   هويدا محمد فهمي

《二十世紀初期的伊斯蘭世界》阿拉伯文譯本 1998 年版封面

《阿布杜熱施德・伊布拉欣伊斯蘭世界紀行：百年前日本伊斯蘭教的興起及中亞、東亞、
南亞和西亞的穆斯林狀況》（上、下冊）阿拉伯文全譯本 2011 年版封面

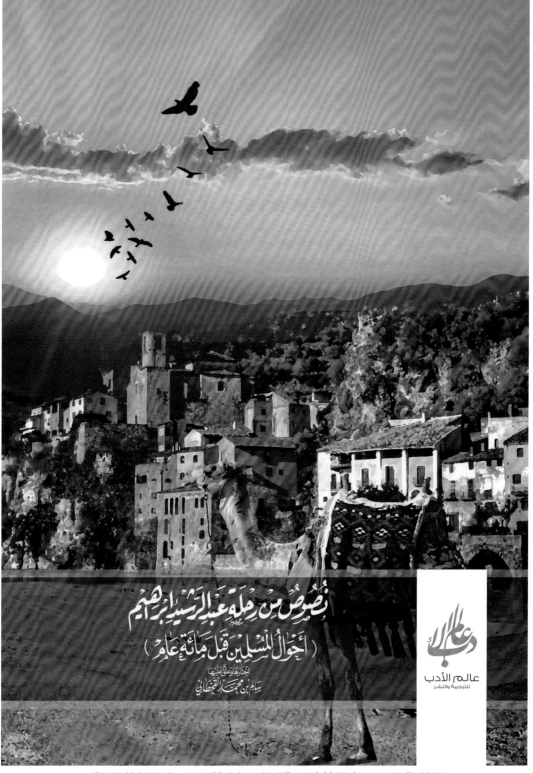

《阿布杜熱施德・伊布拉欣紀行節選》阿文摘譯本 2019 年版封面

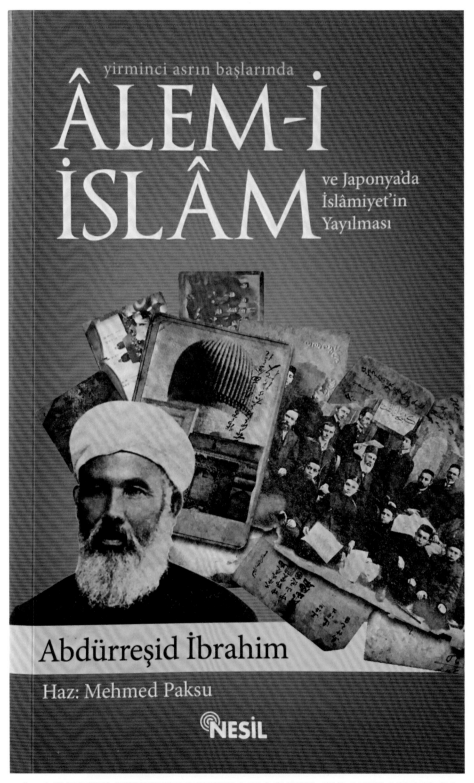

《二十世紀初期的伊斯蘭世界和伊斯蘭教在日本的傳播》現代土耳其文轉寫節略本
2012 年版封面

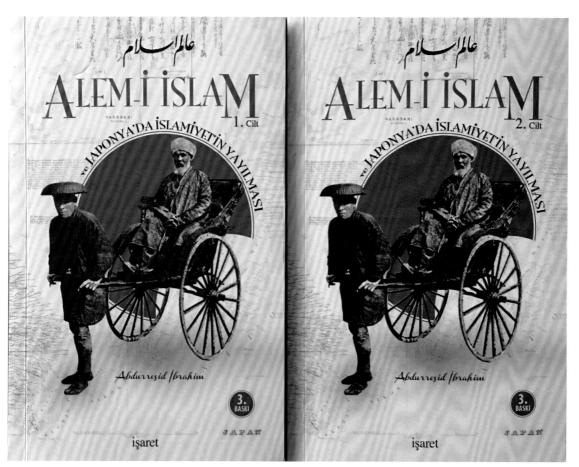

《伊斯蘭世界和伊斯蘭教在日本的傳播》1、2 冊現代土耳其文轉寫注釋全本 2019 年版封面

▶目　錄

凡例

1. 翻譯時按照阿拉伯文全譯本上下冊的章節順序，將有關中國旅行的文字全部譯出，並加了編號，以便讀者根據編號和標題查詢內容。

2. 原文內容所在頁碼用數位標出，並用括弧括注，括弧數位前面的文字為原文該頁文字。如「我們的家園。（155）」，表示「我們的家園」以前直至上一個標注頁碼的地方為原書第155頁譯文。

3. 對所有人名、地名，首次出現時括注阿拉伯文名字。對有必要注釋和說明，及有待考證的內容等予以注腳。文中注腳若為阿文版作者所注，標明「原譯者注」字樣；若為中文譯者所注，則不注明「譯者注」字樣。

4. 阿拉伯文譯本中的個別人名、地名等，與奧斯曼土耳其語版本中有區別時，仍採用阿拉伯語譯本，有必要時以注腳說明。

5. 對文中所引《古蘭經》經文，以注腳方式注明了章節。

6. 對無法確定的內容作了注腳，並注明「待考」等字樣。

導讀　伊本・白圖泰之後

阿布杜熱施德・伊布拉欣的中國紀行

　　自西元七世紀大食遣使入唐通好以來，雖遠隔重洋，但在喜歡梯山航海的阿拉伯商人、旅行家和傳教士的堅持下，中阿交通至少在明代鄭和下西洋之前一直有所延續，穆斯林世界對中國的記述也因此繼替不輟。費琅於二十世紀初（1913-1914 年）撰寫的《阿拉伯波斯突厥人東方文獻輯注》一書中，收錄「伊斯蘭東方文獻共有五十八種之多，其中有四十六種是阿拉伯文著作，十一種是波斯文著作，一種為突厥文著作。」[1]可見穆斯林世界對東方的著述也十分豐厚，因此季羨林在閱讀《中國紀行》時寫道：「對於中西文化的交流，穆斯林的作者作出了巨大的貢獻。」[2]根據葛鐵鷹的研究，從哈利勒・本・艾哈邁德（約 718-786）的《艾因書》，到傑拜里提（1754-1822）的《史跡奇觀》，「人們可以發現其中關於中國的記載是一脈相承的，經過 10 多個世紀漸次趨向於套語並形成一種文化程式。雖然一千多年間中國和阿拉伯國家社會發展過程中各自均發生了非常重大的變化，但是阿拉伯人對於中國的記述基本上沒有出現斷裂、變異和逆反。這與西方的中國形象觀形成鮮明對照。」[3]

---

[1] 費琅輯注，耿昇、穆根來譯：《阿拉伯波斯突厥人東方文獻輯注》，中華書局，1989 年，第13 頁。

[2] 季羨林：〈一部值得重視的書—讀阿克巴爾《中國紀行》〉，《讀書》1987 年第 7 期。

[3] 葛鐵鷹：〈阿拉伯古籍中的中國研究——以史學著作為例〉，上海外國語大學博士學位論文，2008 年，第 5 頁。

穆斯林世界記錄中國且廣為人知者首推成書於 851 年的《中國印度見聞錄》，之後有成書於 946 年的《黃金草原》、成書於 1356 年的《伊本‧白圖泰遊記》及成書於 1516 年的《中國紀行》等，分別記錄了唐至明代以來中國人的社會和生活。而本文所述阿布杜熱施德‧伊布拉欣（1857-1944 年）的《阿布杜熱施德‧伊布拉欣伊斯蘭世界紀行》（以下簡稱《紀行》），則包含了對清末民初中國社會的遊歷記錄，可以說，這是在前述阿拉伯世界的航海術和地理學興起與興盛時期人們積極探索世界，後來隨著阿拉伯世界的衰落其探索活動漸趨沉寂，又經過數百年的隔絕之後穆斯林世界的旅行家遊歷中國時的書寫。雖然可以說是穆斯林世界關注中國的傳統的延續，但同前述交通不便時期穆斯林旅行家的異域探索之旅完全不同。近代以來，西方人借助堅船利炮、武力科技等大量進入中國，當伊布拉欣在中國東部遊歷時，西方的冒險家、傳教士、地理勘探者、政治家等已經在包括中國邊疆地區在內的廣大地域內活動或窺伺，伊布拉欣《紀行》的可貴之處在於給了人們不同於西方人的視角和關注點。

一、伊布拉欣生平梗概

伊布拉欣是俄籍塔塔爾族旅行家，在伊斯蘭世界堪比中世紀著名旅行家伊本‧白圖泰。[1]關於伊布拉欣的生平事蹟，日本學者小松久男根據土耳其文、日文和英文資料等做過清晰的研究。[2]本文以小松久男的文章為基礎，結合《紀行》1998

---

[1]　阿布杜熱施德‧伊布拉欣著，（敘利亞）蘇布黑‧費熱紫提、（土耳其）科瑪魯‧霍加譯，（伊拉克）薩利赫‧邁赫迪‧薩姆拉伊校：《阿布杜熱施德‧伊布拉欣伊斯蘭世界紀行：一百年前日本伊斯蘭教的源起及中亞、東亞、南亞和西亞的穆斯林狀況》（阿拉伯文），吉達：天房伊斯蘭文化出版社，2011 年，第 5 頁。

[2]　Hisao Komatsu, Muslim Intellectuals and Japan: A Pan-Islamist Mediator, Abdurreshid Ibrahim, in Stéphane A. Dudoignon, Hisao Komatsu and Kosugi Yasushi, eds., *Intellectuals in the world of Islam Through the Twentieth Century: Transmission, Transformation, Communication*, New Horizons in Islamic Studies 4, London and New York: Routledge, 2006, pp. 273-288.

年阿拉伯文譯本對其生平的介紹[1]，以及穆斯塔法的《二十世紀初期奧斯曼旅行家的遠東認知》一文[2]，梗概其行跡如下：

日俄戰爭（1904-1905 年）後，穆斯林知識分子開始關注日本的現代化，研究日本自明治維新以來如何借鑒西方文明而又不失傳統，並在短期內實現了國家的現代化。伊布拉欣即其中之一。

伊布拉欣生於西西伯利亞托博爾斯克（Tobolsk）省塔爾斯基（Tarski）區一個名叫塔拉（Tara）的小鎮。其家族來自中亞的布哈拉，因學習伊斯蘭教之故，他在俄土戰爭（1877-1878 年）結束後於 1879 年從今烏克蘭的奧德薩港經伊斯坦布爾到達麥加和麥迪那。在那裡學習幾年後於 1885 年返回家鄉從事宗教學校改革，並被烏法（Ufa）的穆斯林長老委員會任命為宗教法官。由於俄國對伊斯蘭教的限制政策，他於 1894 年辭去宗教法官一職前往伊斯坦布爾。在奧斯曼土耳其逗留期間，受到時任教育部長穆尼夫帕夏的注意，且覲見了素丹阿布杜哈米德二世，並於 1912 年獲得土耳其公民身分。

1905 年，伊布拉欣在聖彼德堡創辦《順從》（Ulfat）和《學生》（al-Tilmidh）兩份報紙。為團結俄國的穆斯林，他組織召開了俄國穆斯林大會，成立了俄國的第一個穆斯林政治組織「穆斯林聯盟」，正是他的這些活動引起日本媒體的興趣。1907 年，俄國很多穆斯林知識分子迫於壓力遷往土耳其，但伊布拉欣卻前往俄屬突厥斯坦和布哈拉旅行並觀察俄國在那裡的統治。1908 年 9 月底[3]，他從喀山出發，穿過

① 　阿布杜熱施德·伊布拉欣著，艾哈邁德·福阿德·穆泰瓦里、胡維達·穆罕默德·凡海米譯：《二十世紀初期的伊斯蘭世界》（阿拉伯文），開羅：高級文化協會，1998 年，第 7-17 頁，「阿布杜熱施德·伊布拉欣生平及作品」。

② 　Mustafa Serdar Palabiyik, The Ottoman Travellers' Perceptions of the Far East in the Early Twentieth Century, *Bilig*, No. 65, Ahmet Yesevi University Press, 2013, pp. 285-310.

③ 　此處小松久男文記錄旅行起始時間為 1909 年 9 月底，根據推算及參考上引「阿布杜熱施德·伊布拉欣生平及作品」一文，時間應為 1908 年 9 月底，此誤應為印刷錯誤或者筆誤。

西伯利亞到中國、朝鮮、日本、東南亞、印度和阿拉伯國家旅行，最後抵達伊斯坦
布爾。

　　根據《紀行》所述，其旅行有兩大目的：記述延伸至歐亞大陸的穆斯林世界的
真實狀況，喚醒和啟蒙穆斯林；尋求西方強權統治下的穆斯林解放策略。而小松久
男認為其訪問日本的目的是獲得日本政府對突厥穆斯林反抗沙皇俄國的獨立運動
的支持。[①]旅途中，他為喀山的塔塔爾報紙《真理釋義》（Bayanul-hak）和伊斯坦
布爾《正道》（Sirat-i mustakim）雜誌撰文，以「日本信箚」專欄發表了其遊歷期
間的所見所聞。

　　1909 年 2 月抵達日本後，伊布拉欣主要參觀了早稻田大學、東京帝國大學等多
個地方，感受日本現代化的成果。他出席課堂，參加畢業典禮，對明治維新以來日
本在教育方面取得的成就深感震驚。他在日本既拜訪平民百姓，也結交大學教授和
名人政要。各種報紙對其活動進行了報導，他因此也聞名日本，而日本通過他對俄
國的穆斯林也有了瞭解。他認為日本在明治維新以來獲得快速進步的原因是接受了
西方科技，同時又不失其傳統和身分，以此來反思奧斯曼帝國採取的西方化改革，
以及西方強權對穆斯林社會施加的影響而造成的伊斯蘭傳統的衰落。1909 年 6 月 7
日，在他的努力下東京成立了亞細亞義會（Ajia Gikai）。

　　1910-1911 年間，伊布拉欣創辦了奧斯曼土耳其語雜誌《認識穆斯林》（Teârüf-
i müslimin）和《伊斯蘭世界》（İslâm dünyasi），同全球穆斯林知識分子交流思想。
1911 年，義大利入侵奧斯曼帝國統治下的利比亞，他赴前線鼓勵士兵抵抗，並從日
本、爪哇、印度等地募集物資支持。1914 年，他赴柏林在德國俘虜了的俄國塔塔爾
士兵營任伊瑪目，後被派遣到伊拉克前線同英軍作戰。1918 年任職奧斯曼軍隊，幫
助奧斯曼人從俄國返回家鄉，並於本年返回家鄉塔拉。在此期間，他在莫斯科見到
了列寧和斯大林，並為俄國穆斯林社群的生存及遭受了饑荒的人們服務。1923 年，

---

① 　小松久男：《伊布拉欣的日本之旅》（イブラヒム，日本への旅），東京：刀水書房，2008
　　年，第 79 頁。

他回到土耳其後，發現自己的觀點同凱末爾的新政權格格不入，因而於 1925 年隱居科尼亞（Konya）。

1933 年 10 月，他再次抵達日本。鑒於其經歷和年齡，他受到日本的塔塔爾穆斯林的尊重。1938 年 5 月 12 日，他被選為東京首座清真寺的伊瑪目。1944 年 8 月 31 日去世，葬於東京的多磨靈園（Tama Muslim graveyard）。

二、有關《紀行》

《紀行》1911 年以奧斯曼土耳其語初版於伊斯坦布爾。[①]1998 年，埃及學者艾哈邁德・富阿迪・穆台臥里和胡威亦德・穆罕默德・法哈米將其譯為阿拉伯文並在開羅出版。[②]2011 年，敘利亞學者蘇布黑・費熱紫提、土耳其學者科瑪魯・霍加和日本伊斯蘭中心管事人、伊拉克籍學者薩利赫・邁赫迪・薩姆拉伊聯手對原著進行了考訂和阿拉伯文翻譯，並在沙特出版。[③]兩種阿文譯本在篇幅與內容上與原作略有不同。第一部譯本對某些內容做了注釋，尤其是對伊布拉欣第一次抵達和離開中國的日期進行了校對，並指出原本中記錄的第一次中國之行的起止日期印刷有誤，而譯者校訂後的日期與下文筆者所校對的日期相吻合。但遺憾的是，就目前筆者所掌握的資料來看，第一部譯本的內容僅涉及原作的前半部分，有關中國的內容僅限第一次中國之行。較之第一部譯本，第二部譯本是全譯本，且尊重原本，校勘翔實。

---

① 阿布杜熱施德・伊布拉欣：《伊斯蘭世界與日本伊斯蘭教的傳播：土耳其—西伯利亞—蒙古—滿洲里—日本—朝鮮—中國—新加坡—馬來半島—印度—阿拉伯地區—哈里發之地》（奧斯曼土耳其文），伊斯坦布爾：艾哈邁德・薩給・班克，1911 年。現代土耳其文譯本見：Mehmed Paksu trans., *Abdurrepd Ibrahim, Yirminci Asrin Başlarinda Âlem-i İslam ve Japonya'da İslamiyet'in Yayilmasi (The Islamic World and the Spread of Islam at the Beginning of the Twentieth Japonya'da İslamiyet'in Century)*, İstanbul: Nesil Yayinlari, 2012.

② 阿布杜熱施德・伊布拉欣著，胡維達・穆罕默德・凡海米、艾哈邁德・福阿德・穆泰瓦里譯：《二十世紀初期的伊斯蘭世界》（阿拉伯文），開羅：高級文化協會，1998 年。

③ Salih Mahdi S. Al Samarrai, Islam in Japan: History, Spread, and Institutions in the Country, https://www.islamcenter.or.jp/history-of-islam-in-japan/.訪問日期：2020 年 5 月 10 日。

　　對於《紀行》的價值，有土耳其學者認為：「奧斯曼帝國與波斯之間的激烈競爭，以及它與西方國家之間軍事、外交和經濟上的對抗關係，在很大程度上轉移了奧斯曼帝國對東方社會的注意力。因此，奧斯曼帝國關於遠東地區的紀行作品，如伊布拉欣……等人的紀行，為奧斯曼人瞭解遠東地區提供了重要的信息來源。」①

　　除了阿拉伯學界及土耳其學界外，《紀行》也得到了法國、日本、朝鮮等學界的關注，其中關於日本和朝鮮族的內容已有了相應的文字譯作。②日本伊斯蘭中心管事人薩姆拉伊認為伊布拉欣 1909 年留居日本六個月，期間拜訪政府幕僚，結交底層人士，開展宣教工作，為伊斯蘭教紮根日本做了積極努力。③日本學者海野典子認為，《紀行》是伊布拉欣 1910-1913 年間發表在《正道》上的旅行文章的彙編。她對《紀行》中有關中國的內容做過較為深入的研究，認為「據我所知，很少有人關注外國穆斯林通過仔細觀察中國穆斯林而留下來的資料，他們在旅行和留居中國時記錄中國穆斯林的文化、日常生活和信仰，有時同他們結交朋友。」④她的文章對伊布拉欣遊歷中國的大致情況做了簡單概括，分析了伊布拉欣對中國穆斯林的認知，並將《紀行》中涉及中國的部分根據段落主題，如地方、人名、事件和伊布拉欣的感受等做過歸類，認為本書資料「揭示了晚晴以來中國穆斯林各種鮮為人知的方面，展示了以前未能充分利用的資料。」⑤

---

① 　Mustafa Serdar Palabiyik, The Ottoman Travellers' Perceptions of the Far East in the Early Twentieth Century, *Bilig*, No. 65, Ahmet Yesevi University Press, 2013, p. 285.

② 　法文譯本見 Francois Georgeon and Ifik Tamdogan-Abel trans., Abdürrechid Ibrahim, Un Tatar au Japan: Voyage en Asie 1908-1910 (A Tatar in Japan: Voyage in Asia 1908-1910), Paris: Sindbad-Actes Sud, 2004. 其中日本之行的翻譯見小松久男：《伊布拉欣的日本之旅》（イブラヒム，日本への旅），東京：刀水書房，2008 年。

③ 　Salih Mahdi S. Al Samarrai, Islam in Japan: History, Spread, and Institutions in the Country, https://www.islamcenter.or.jp/history-of-islam-in-japan/.訪問日期：2020 年 5 月 10 日。

④ 　Noriko Yamazaki, Abdürreşid İbrahim's Journey to China: Muslim Communities in the Late Qing as Seen by a Russian-Tatar Intellectual, *Central Asian Survey*, Vol. 33, No. 3, 2014, p. 405.

⑤ 　Noriko Yamazaki, Abdürreşid İbrahim's Journey to China: Muslim Communities in the Late Qing as Seen by a Russian-Tatar Intellectual, *Central Asian Survey*, Vol. 33, No. 3, 2014, p. 415.

　　民國時期的回族學者也對其旅行有所關注。《回教週報》曾以「大日本回教協會為伊布拉西姆舉行祝愿」為標題，對其在日本的葬禮進行了報導。[1]然而時至今日，《紀行》中關於中國的記述仍沒有中文譯介和評論。筆者根據 2011 年阿拉伯文譯本，同時參考了奧斯曼土耳其文原著對涉及中國的文字進行了翻譯，本導讀即是在翻譯和閱讀了中外學界的研究後，結合民國時期的中文資料和中國社會，就其中國之行的大致情況做初步介紹和評論。

三、伊布拉欣對中國的記述

（一）伊布拉欣的兩次中國之行

伊布拉欣中國行程時間表

時間	第一次旅行 （1908.12-1909.2）			第二次旅行 （1909.6-1909.9）								
遊歷地方	滿洲里（入境）	齊齊哈爾	哈爾濱（離境）	瀋陽（入境）	旅順港	山海關	天津	北京	漢口	上海	香港	廣州（離境）

　　伊布拉欣的第一次中國之行主要在東北地區活動。他乘坐火車沿西伯利亞東方鐵路於 1908 年 12 月 17 日到達滿洲里。在滿洲里短暫休整後前往齊齊哈爾和哈爾濱，於 1909 年 2 月 2 日乘坐火車抵達符拉迪沃斯托克，並於 1909 年 2 月 8 日經此乘船前往日本。可以說，本次中國之行是一次過境旅行，主要訪問了鐵路沿線的幾座城市。

---

[1]　《回教週报》1944 年 6 月 15 日。

伊布拉欣的第二次中國之行走訪的地方較多，記錄也較為豐富。1909 年 6 月 15 日，他從日本乘船出發，經朝鮮進入中國，先後走訪了旅順、山海關、天津、北京、漢口、上海、廣州及香港等地，並於是年 9 月 18 日經香港乘船離開中國。《順天時報》對此次旅行進行了報導。

俄前代議士之來京[①]

> 俄國前充國會議員伊溥來木君，日前由東洋來京遊歷。聽說此君係韃靼種族代表，嗣充俄國國會議員，後因有感於政策不合意見，故將國會議員事務辭退，赴東西洋各國遊歷。該君由俄國搭西比利亞鐵路，先抵日本國遊歷，勾留約五六個月，其間在日本各處演說東亞政策，專意主張亞細亞洲黃種人宜聯絡團體，而當歐美各國白種人侵犯之虞，以而謀世界和平。該員演說，頗聳視聽，故日本各報，連日將其演說登載，稱讚不已。並將該員照像印於報紙上，聲譽昭著。現今來京遊歷，並考查中國回教事宜。因該員係奉回教之故，並聞尚須調查世界回教，以便聯絡回教人民而謀在世界上之發達為一大宗旨。該員現在順治門外禮拜寺寄寓云。

《順天時報》於 1901 年 12 月創辦於北京，「是 20 世紀初日本人在中國發行了 30 年的中文日報，也是於北京創刊最早的近代報刊。作為日本政府的機關報，《順天時報》在宣傳日本的對華政策、控制中國的輿論界等方面影響很大。」[②]因此，該報提及伊布拉欣主張亞洲人聯合以抵抗西方殖民侵略的主張，總體上表達了日本社會當時流行的泛亞主義思想及伊布拉欣力圖喚起亞洲穆斯林聯合的努力。

---

① 《順天時報》第 2226 號，1909 年 7 月 23 日，第 7 版。《正宗愛國報》總第 947 期，1909 年 7 月 25 日第 4 版轉載，其中注明伊布拉欣寄寓地點為牛街清真寺。

② 劉愛君：〈20 世紀在華日本報人與中日關係〉，《貴州民族學院學報》2006 年第 2 期。

（二）伊布拉欣對中國的印象

伊布拉欣的兩次旅行，主要在中國的齊齊哈爾、哈爾濱、瀋陽、北京、天津、武漢、上海、廣州和香港等城市。他遊歷的時代，中國經歷了八國聯軍入侵，國勢飄搖，百姓困苦。因此他看到東北地區遭受日俄蠶食，滿洲里儘管屬於中國，但鐵路工作人員大多來自俄國。中國海關的工作人員大多是中國人，而海關總督則是英國人。天津城市整潔有序，很多地方有歐洲人生活，歐式風格的建築高大宏偉，彰顯著歐式城市風貌。在北京期間，他遊覽了故宮，瞭解了北京的出版社、外國使館，記錄了北京的氣候和外國人等。他發現北京城中整潔美麗的街道很多卻是外國使館的轄地，而且每個使館都建有堡壘。廣州因靠近香港，屬中國南方門戶，有很多基督教傳教士和教堂。此外，他對中國人吸食鴉片表示了擔憂。

在伊布拉欣看來，儘管深受西方列強的侵擾，但中國仍充滿發展潛力。他認為：「假如戰爭衝突一旦轉變為經濟競爭，那麼毫無疑問，中國人將會勝過其他民族，因為中國人非常節儉，我敢斷定，中國人的前途比其他任何一個民族的前途都光明。」[1]他認為中國人並非歐洲人所傳述的愚昧、野蠻、落後的民族。在他看來，如果不帶偏見地觀察中國人，跟他們打交道，就會發現中國人十分仁義。

伊布拉欣認為中國人不僅有著職業天賦，還是能工巧匠和財富的積累者。「中國人的身影穿梭於各行各業，他們以經濟活動和積累財富而享有盛名。中國人不管有多麼富裕，都只喜歡穿自己國家的衣服，而且以此為榮。中國人是一個謹言慎行的民族，他們尤其看重那長長的、耷拉著的，如帽穗一樣的辮子，甚至視若聖物。」[2]在歐洲人看來，中國人的辮子是一種落後、愚昧的表現。長期以來受新文化運動和當代歷史觀的影響，很多中國人也將辮子同落後、愚昧、固執、保守等負面印象聯繫起來，而同為東方人的伊布拉欣卻由此看到了中國人對傳統的維護和恪守，認為服飾、髮飾和習俗是中國人區別於外國人的表徵，而辮子代表了中國人的精神氣

---

① 　《紀行》，第 199 頁。
② 　《紀行》，第 177 頁。

質和身分標識。的確，辮子作為一種外顯的身體符號，在當時的中國留辮子表達了對帝國王朝歷史秩序的認同，它不僅體現了一個人對清政府的忠誠，而且傳衍著中國人的王朝道統。伊布拉欣能夠由此觀察到中國人固守傳統的心態，可謂眼光獨到。

他也觀察到了「中國製造」的自給自足性。「所有中國人都穿中式服裝，中國人的這種衣服都是自產自銷。中國人使用的所有東西幾乎都是自己生產的，他們甚至不需要從外面進口。沒有人能和中國人在他們的產品方面競爭，因為他們的產品太便宜了。」[①]這一情況，在全球消費「中國製造」的當下尤為讓人感歎中國人的勤勞和創造力給伊布拉欣留下的印象。

相較於西方人，伊布拉欣對中國的表述充滿著東方人的情感。在他看來，對付歐洲殖民的方法是東方國家實現聯合。關於這一點，他言及在《正宗愛國報》曾發表文章〈東方人的東方〉表達過他的觀點。[②]在《紀行》中伊布拉欣記錄了該文大意。「東方是我們的家園，卻在遭受西方人的入侵。盜賊正在我們的家園行竊，就在我們的眼皮底下偷盜。幾百年來不絕如縷，留給我們的只有悲痛。他們利用我們的無知和軟弱，強迫我們接受他們的一切，劫掠我們的財富。假如我們拒絕，他們就以槍炮相逼。所到之處，寸草不生，成千上萬的生命慘遭屠戮，還要求我們給他們賠款。……我們必須團結起來，保護我們的合法權益。對於東方人來講，除了團結協作別無他途。」[③]

---

① 《紀行》，第 616 頁。

② 根據《紀行》，該文發表在《正宗愛國報》1909 年 7 月 7 日，經查詢本期及是年七月各期均未發現有關文章。但在第 947 期，即 1909 年 7 月 25 日第 5 版有篇「專件」，標題為〈亞細亞義會設立主旨〉，內容介紹日本泛亞主義人士建立于 1909 年 6 月的亞細亞義會。對此，海野典子認為之所以未能發表，「可能是伊布拉欣對報紙編輯的理解有誤或版面空間不足。總之，報社中工作的中國穆斯林似乎並非故意向讀者掩飾伊布拉欣同日本的關係。」見 Noriko Yamazaki, Abdürreşid İbrahim's Journey to China: Muslim Communities in the Late Qing as Seen by a Russian-Tatar Intellectual, *Central Asian Survey*, Vol. 33, No. 3, 2014, p. 409.

③ 《紀行》，第 618-620 頁。

四、伊布拉欣對中國穆斯林的觀察

關注中國穆斯林的社會和生活狀況是伊布拉欣中國行的主要目的。其考察內容豐富，包括清真寺的構造、回族民居、餐廳和商鋪標識、葬禮、滿拉穿衣儀式、經堂教育教材、阿訇的經學知識及阿拉伯語水準、滿拉的知識結構、禮拜情況、回漢社會交往、基督教傳教士的活動等。

（一）宗教禮儀

1.葬禮

作者第一次遊歷中國時，目睹了齊齊哈爾穆斯林的葬禮。「亡者的家人、親戚朋友都會穿戴白色的衣帽。阿訇關於亡者做的第一件事便是詢問亡者是否欠債，如果欠債，要為亡者還債。假若沒有能力償還債務，則根據債主和亡者後人達成的協議，寫份契約，然後準備安葬之事。而這與俄國穆斯林有所不同。」[1]穿白戴孝是中國回族傳統教派在葬禮中表達哀悼的方式，深受漢文化的影響，孝服的顏色、樣式、尺寸等能夠表現出同亡者的親疏關係。直系親屬替亡者償還債務是伊斯蘭教的規定，即便不能馬上償還也要允諾償還，此處伊布拉欣看到了書面償還協議，而一般為口頭應允。

2.禮拜

他發現中國穆斯林「有專門禮拜戴的帽子，禮拜的時候他們就將辮子盤進帽子。而纏頭巾只有歐萊瑪和滿拉戴。纏頭巾和這種專用的帽子，他們都只在禮拜的時候戴，禮拜結束，走出清真寺，他們都會換上『國帽』。」[2]伊布拉欣對中國穆斯林的《古蘭經》誦讀較為詬病，甚至給阿訇當面說「你的《古蘭經》誦讀實在不敢恭維。」他發現中國穆斯林「讀阿拉伯語的語速非常快」、「伊瑪目那種誦讀法讓《古蘭經》傷心落淚」、「咬字不清。他們在念誦『法提哈章』時，我幾乎一個單詞都聽不出

---

① 《紀行》，第 165 頁。

② 《紀行》，第 556-557 頁。

來。」①他覺得中國穆斯林在宗教上一方面非常無知，另一方面又非常堅定，有點讓人捉摸不透。

3.穿衣（畢業）儀式

伊布拉欣參與了齊齊哈爾某清真寺滿拉的穿衣儀式，並做了較為詳細的記錄。「地上鋪一張很大的毯子，毯子最前面放著一把椅子，椅子背對著禮拜殿，老師在椅子上坐著。穿衣學員走上毯子來到老師跟前，兩掌合併，向老師深深鞠躬，兩手尖幾乎碰到了鞋面，並對老師說些什麼，然後直起身子，再將兩手放至胸前，鞠三次躬，禮成。之後他們拿出一塊綠色的綢布，上面寫著證書，掛在禮拜殿門上，為期三日。人們還要給穿衣者贈送長袍和纏頭巾。」②

（二）宗教教育

伊布拉欣特意觀察並參與了清真寺的經堂教育。他發現回民中流傳著大量阿拉伯文和波斯文手抄本宗教典籍，「字體在土耳其是找不到的，倒是跟俄國穆斯林的字體很像。《古蘭經》也是這種字體的抄本。中國所有清真寺裡面的《古蘭經》由很多冊組成。」③ 伊布拉欣觀察到了中國式的阿文書體和散抄本《古蘭經》（即將《古蘭經》三十冊每冊單獨抄寫以便在葬禮等儀式中分發念誦），其中語法和教法典籍同他所受教育的典籍相同。學員雖然在《古蘭經》誦讀和阿拉伯語口語方面十分欠缺，但「他們對阿拉伯語的理解能力相當不錯。因為，有一次我就教法中所提到的一些問題向滿拉們提問，很多滿拉毫不猶豫地給出了答案。不過，他們將答案寫在紙上，他們的書寫、語法相當規範。」④ 這恰恰反映了回族經堂教育的特點，即學員的阿拉伯語和波斯語口語差，但字法和詞法基礎雄厚，經堂教學按字合意地講授典籍，培養了學員嚴謹的典籍理解力和講授能力。

---

① 《紀行》，第 581、585、594、595 頁。
② 《紀行》，第 164 頁。
③ 《紀行》，第 584 頁。
④ 《紀行》，第 584 頁。

伊布拉欣記錄了在哈爾濱從事商業活動的塔塔爾人建立的清真寺和小學堂，認為學堂「聘請了相當優秀的伊瑪目和教師，說明他們對自己的宗教事務並未疏忽。俄國人涉足遠東地區的時候，塔塔爾人也追隨其後，俄國人到哪裡，塔塔爾人就跟到哪裡。塔塔爾人在哪裡，帳篷就紮在哪裡。」①

值得提及的是他接觸了中國回族現代教育的開創者王寬（1848-1919 年），他把王寬稱為「穆夫提阿布頓拉合曼」，認為他「是一個很有遠見的人，他常常為中國穆斯林的生存狀況擔憂，因此，他始終視改善穆斯林的社會狀況為己任。」②他還受王寬之邀，在其所辦學校為學生教授了一段時間《古蘭經》誦讀。

（三）清眞寺、民居與商鋪

具有鮮明中國文化特色的清真寺建築尤為引起伊布拉欣的注意。「清真寺裡面有拜毯和牌匾，看起來像清真寺，但外形上沒有清真寺的任何標識。很難從外形上去辨別它是一座清真寺還是中國人的寺廟，特別是牆體上飛禽走獸之類的雕刻，更是讓人不知何意。」③「清真寺的外觀與非穆斯林的寺院沒什麼兩樣，而且清真寺頂上還有雕像，非常奇怪。但那又能怎樣，中國穆斯林對此深以為傲，他們甚至覺得那些雕像都是神聖的。」④他還觀察了清真寺的設施和服務。「在齊齊哈爾的時候，我就發現清真寺裡做小淨的水一直都是熱的，而且裡面還專設做大小淨的地方，除了熱水還置有香皂。」⑤他發現回民都有兩個名字，一個是阿拉伯語名，另一個是中文名。回族民居都會在大門上書寫阿拉伯語，內容有「清真言」、「泰斯米」等。他認為如此做是為了同其他民族有所區分。此外，穆斯林商人也會在店鋪、餐廳門上懸掛湯瓶或念珠圖案。

---

① 《紀行》，第 167 頁。
② 《紀行》，第 596 頁。
③ 《紀行》，第 557 頁。
④ 《紀行》，第 557-596 頁。
⑤ 《紀行》，第 556 頁。

（四）中國穆斯林的國家觀念

　　《紀行》中有一節標題為「中國穆斯林的覺醒與愛國情懷」，記錄了哈爾濱一位名為王寬的商人對中日戰爭的認識。王寬認為此前的戰爭中國人雖然物質上損失慘重，但精神上卻得到了激勵。中國人同日本人不會結盟，因為中國人「不習慣被奴役，每個中國人都會為祖國的主權完整而奮鬥到底。」[①]伊布拉欣援引上海王盛福[②]阿訇的話，「中國穆斯林的命運同千千萬萬中國人的命運捆綁在一起。如果中國人能夠保全國家，那麼中國穆斯林就能保住伊斯蘭教。」[③]這可以說是清末民初回族「同國如同舟」思想的注釋。他注意到「中國人的民族自豪感非常強，處處彰顯自己是中國人，甚至在穆斯林當中達到了一種以犧牲部分伊斯蘭教規定而堅持無謂的恪守。」[④]

（五）基督教的傳教活動

　　晚清時期，傳教士已經在中國打下了較為深厚的傳教基礎，他們不僅在中國各地建立教堂、宣講教義，還開展了各種社會活動。在山海關，伊布拉欣發現傳教士用購買的方式，收養貧困家庭子女進行基督教教育，並將教堂建在遠離城區的地方，以免中國人生厭。[⑤]基於個人的經歷和見識，伊布拉欣對傳教士有著較多負面看法，對其傳教方法較為排斥。他認為「事實上基督徒已經在中國取得了特權，在他們看來，宗教外衣下的殖民政策更容易達到他們的目的。英國人的這種伎倆不僅在中國實施，在整個東方都是如此。因此，他們能讓東方人相信基督教則不足為奇。」[⑥]

---

① 《紀行》，第 174 頁。
② 王盛福，湖北仙桃人，知名阿訇。阿拉伯語、波斯語、伊斯蘭經學造詣頗深。曾受聘於漢口、上海等地清真寺任教 40 餘年。1923 年朝覲歸來後振興教務，提出取消三掌教家傳世襲制。在上海曾任教於小桃園清真寺，晚年病逝於上海。
③ 《紀行》，第 667 頁。
④ 《紀行》，第 631 頁。
⑤ 《紀行》，第 618-620 頁。
⑥ 《紀行》，第 679 頁。

伊布拉欣認為中國穆斯林，尤其是那些生活在偏遠鄉村且宗教知識薄弱的群體，有時對傳教士和外籍穆斯林都很難判斷。傳教士以提供幫助、探討教義為誘餌，將穆斯林列為其宣教對象，一些宗教學者也未能倖免。

作者的這種擔憂基於其認為中國穆斯林和中國阿訇的經學知識匱乏，容易受到影響而歸信基督教，但實際情況大相徑庭，這一點從清末以來傳教士的活動及其結果中就可以看出來。百餘年間，傳教士在中國穆斯林中努力佈道，但收效甚微。傳教士在中國穆斯林中的傳教活動也具有地方性差異，不同地方人們的反應也有所不同。除了廣東等沿海地區外，傳教士在雲南和甘肅也有大量活動，伊布拉欣認為這是為了阻止伊斯蘭教進入西藏。事實上，傳教士在中國西部邊疆地區的活動並非出於阻止伊斯蘭教進入西藏，而是同西方國家對中國邊疆的勘察和覬覦有關。伊布拉欣對於基督教傳教士和中國邊疆社會的信息大多來自道聽塗說，並非他親自經歷和感受，因此有一些失實之處。

五、對伊布拉欣《紀行》的評價與反思

伊布拉欣的《紀行》是穆斯林世界對中國的記述沉寂數百年之後，作者以俄籍塔塔爾族穆斯林的身分，在晚清民初對中國的觀察。他不僅記錄了中國東部地區的城市回族生活，而且由此觀察了中國社會。作品涉及的內容豐富，從邊疆到首都、從農村到城市、從學者到普通百姓及中國的外國人等都有所述及。

（一）東方人的情懷

作為俄籍塔塔爾人，伊布拉欣經歷了俄國主體民族與主流宗教對塔塔爾人和伊斯蘭教的排拒。基於其宗教感情，使得他對奧斯曼帝國的衰落充滿了同情與擔憂。被西方社會視為「歐洲病夫」的奧斯曼帝國與「東亞病夫」的清王朝，共同面臨著西方列強的軍事侵略，因此，他對當時中國的遭遇充滿了同情，對中國回民經學知識的薄弱及應對傳教士傳教活動時所面臨的挑戰深感擔憂。他的「東方是東方人的東方」觀點，表達了他對東方人普遍遭受殖民侵略，人民遭受剝削和奴役的憂慮。他在遊歷期間將中國的遭遇置於東方人的框架下進行觀察，希望能夠找到東方人聯

合的結合點，將東方社會的命運聯繫在一起，以一種共同的利益觀來理解中國，這種視角和觀點，與同期進入中國，觀察和窺伺中國邊疆社會，覬覦各種利益，為西方殖民活動提供情報的西方人可謂有天壤之別。

（二）宗教學者的視角

有學者指出，國外對中國穆斯林的研究始自 19 世紀六十年代，且初期從文獻翻譯著手，而對中國穆斯林社會的實地調查研究則屬 1906-1909 年間由法國在中國西部的考察團開創。[①]事實上，國外關於中國穆斯林社會的記述和研究，肇始於清末東來的傳教士，著名者有梅益盛、海恩波、畢敬士、安獻令等人。[②]他們隸屬於不同教會，通過創辦雜誌，通信著述，梳理歷史，關注現實，把對中國穆斯林的記述納入到他們向穆斯林世界傳教的整體工作中，可以說傳教士們傳承下來的有關中國穆斯林的記述是傳教工作的副產品，然而卻成為記錄清末和民國時期中國穆斯林的重要歷史文獻。

伊布拉欣作為熟悉伊斯蘭教，有著豐富閱歷的學者型的穆斯林旅行家，對於中國回族的觀察和思考基於其熟悉伊斯蘭教信仰和儀式，觀察回民的宗教生活十分直接，沒有文化陌生感，因此也較為深入，這一點是清末以來西方傳教士，甚至是同回民一起生活的漢民也很難做到。正如前文所述，伊布拉欣遊經的地方以中國東北及東部沿海城市為主，他與同期以考察中國西北地方穆斯林社會為主的西方傳教士的目的與關注視角明顯不同，而這種差異性為我們審視這一時期西方人筆下的中國社會與中國穆斯林提供了可供探討的比較視野。

長期以來，除了西方考察團和傳教士的作品外，很少有穆斯林世界的作品述及這一時期的回族社會，伊布拉欣的記述可以說彌補了這一缺憾。而且他的記述具有反思性和研究意義，比如他對廣州先賢古墓所葬艾比・宛戞斯的傳述就提出了質疑，認為這一傳述至少在中國以外的穆斯林世界沒有可靠的歷史佐證。再如他在

---

① 房建昌：〈國外對中國穆斯林及回族的研究〉，《中國穆斯林》1986 年第 2 期。
② 丁克家、馬雪峰：《世界視野中的回族》，寧夏人民出版社，2008 年，第 3 頁。

香港經歷的艾哈邁頂耶派同其他穆斯林爭奪清真寺話語權的鬥爭，也是十分珍貴的資料。

（三）文化客位的觀察

伊布拉欣以旁觀者的身分，認為中國人「缺乏創新，他們雖然有強大的體制，但裝備落後，而且當他們創建英式教育的時候，是完全不變地全盤接受，但英國不會毫無保留地去教一個被自己統治的民族。」①這種見識即便今天看來仍有一定的啟迪意義。對於中國人的勤奮和守財觀念，他記述到：「中國人，也許會去美國、歐洲掙錢，但他們會將所有的積蓄都寄回國內。中國人不會把錢花在國外，這是中國人的基本原則。中國人是個勤勞的民族，在沒想好掙錢的路子之前是不會花錢的。」②

伊布拉欣從回民的葬禮、禮拜帽、念詞、滿拉穿衣、居所佈置、中文和阿拉伯語名字等方面，看到的是其作為中國人和穆斯林的雙重屬性，既有對伊斯蘭文化的傳承，也有與中國文化的融通。他觀察了中國穆斯林與外界社會的互動，對中國境內的外籍穆斯林也有所記錄，如齊齊哈爾的塔塔爾人，阿拉伯、印度及伊朗等國穆斯林在中國的生活等，這些記述為考察清末民初中國社會大變革之際回民同外界的接觸和聯繫提供了重要信息。

對土耳其教師阿里‧里達（على رضا）和哈菲茲‧胡賽尼（حافظ الحسينى）事蹟的記述也十分重要。學界多認為此二人來華是受王寬阿訇之邀和奧斯曼帝國素丹阿布杜哈米德二世委派，前來教授《古蘭經》誦讀法，但張巨齡根據《順風時報》和《正宗愛國報》等資料，認為二人應該受派遣「來華調查各省回教教務，並調查一切商務、學務。」至於教授誦讀法及阿里受聘《正宗愛國報》翻譯「專譯國事要聞」等，都是其「同教」感情使然。③但伊布拉欣記述是，「素丹責成伊斯蘭長老院向中

---

① 《紀行》，第 692 頁。
② 《紀行》，第 634 頁。
③ 張巨齡：〈白壽彝先生〈王寬〉一文之考釋〉，《北方民族大學學報》2013 年第 1 期。

國派送兩名教師，經費由素丹個人承擔。隨後阿里・里達和哈菲茲・哈桑兩人在拿到素丹的資助金後前往中國，並在中國進行了為期一年的教學工作。」[①]由此可以說，無論從伊布拉欣對土耳其社會的熟悉程度，還是他在北京的實地觀察而言，他對二人來華目的記述應該具有重要的參考價值。

（四）對伊布拉欣《紀行》的反思

1.對中國的認識細緻但有限

　　伊布拉欣對中國的認識有十分細緻之處。如他觀察到中國人通過手在袖筒中的議價方式。回民門上用阿拉伯文書寫的「清真言」，商鋪上掛著的湯瓶圖案，中國穆斯林講究看月來確定開齋節日期，注重伊曆十二月即古爾邦節前十天的齋戒和功修，等等。但他對中國的知識十分有限，比如他說伊本・白圖泰抵達的刺桐城（今泉州），「現在沒有這個名稱，如果我們尋找他所描述的那座城市，那麼極有可能就是上海。」[②]他對中國穆斯林人口的過高估計除了受到當時基督教傳教士的誤判影響外，更多的是缺乏常識，比如他記述廣州時說有清真寺多達 50 座，如果平時稍加留意，這種錯誤本可以避免，因為民國時期廣州清真寺最多時才有 6 座，它們是懷聖寺、先賢古墓寺、濠畔寺、南勝寺、小東營寺和東郊寺。[③]伊布拉欣既沒有在回族聚居的西北、雲南、河南等地旅行，自然理解不了回族伊儒表裡的兩種文化匯通特點，只在旅途中的有限城市範圍內走馬觀花似地看了看，對當時回族在新思想、新風尚，改革求變、文教踴躍的社會背景下採取的開辦實業、興教辦學、創辦雜誌、提倡宣傳、服務國家、振興民族等的努力缺乏瞭解。對於這一點，海野典子也深感因其「既不懂漢語，又缺乏有關中國的知識」，因此他經常誤解聽到和看

---

①　《紀行》，第 597 頁。

②　《紀行》，第 627 頁。

③　馬強：《流動的精神社區——人類學視野下的廣州穆斯林哲瑪提研究》，中國社會科學出版社，2006 年，第 504-506 頁，「附錄 2：廣州清真寺建立及重修歷史簡表」。

到的東西，他的中國紀行也不像日本紀行一樣以對話體展開，原因在於他在日本的活動一直有流利的俄語翻譯伴隨。[1]

他對回民留辮子、裹腳、誦讀《古蘭經》、葬禮儀式等的批評，以及對其可能轉信基督教的擔憂，都表現了他對回族文化特徵的認識膚淺。對此，他自己也坦言「儘管我在中國，但對中國的瞭解還是很少的。不過話又說回來，我仍然是第一個走訪中國內陸地區的穆斯林。」[2]

2.對中國回族經堂教育的水準和特點認識不全面

作為外國人、塔塔爾穆斯林的伊布拉欣，其記述也建立在個人遊歷基礎之上，很少參考其他資料，因此，他對中國回族的歷史與現實缺乏基於中國文化背景的思考，很多認識都值得商榷。比如他對山海關回漢雜居回族會被同化成基督徒的擔憂，說明他對千百年來中國回族深厚的信仰觀念並不理解。他對中國阿訇的經學水準和經學中國化特點知之甚少，例如，中國的阿訇學路較寬，對傳統典籍的閱讀精深，一個人如果能夠學成穿衣，一般最起碼都已接觸了「八樣爾林」（八種經學知識），特別是大都能夠用漢語表述高深的哲學和教義學問題，分析阿拉伯語語法、修辭、邏輯、教義和教法等。伊布拉欣僅憑阿拉伯語口語就對中國阿訇的宗教知識做出誤判，這是對母語為漢語的回族所傳衍並恪守的闡釋性、說明性的中國伊斯蘭教育傳統的無知。他的記述還存在以偏概全的問題，即以他對東部地區回民的觀察，來取代他對整個中國回族同胞的認知，例如東部地區即便兄弟之間也很少知道經名，而西北地方回族社區中人們之間的稱呼通常為經名。因此，伊布拉欣觀察到的是東部城市社會中的回民，而他以自己所觀察到的這部分回民情況來理解整個中國的回族，這顯然是以地方性的回族社會和文化，遮蔽整個中國回族社會和文

---

[1]　Noriko Yamazaki, Abdürreşid İbrahim's Journey to China: Muslim Communities in the Late Qing as Seen by a Russian-Tatar Intellectual, *Central Asian Survey*, Vol. 33, No. 3, 2014, p. 410.

[2]　《紀行》，第 626 頁。

化的多樣性，這一點同清末以來基督教傳教士因能深入中國內地，因而對中國回族具有整體性認知可謂相去甚遠。

六、結語

　　20 世紀初期，整個伊斯蘭世界除了奧斯曼帝國尚苟延於土耳其一隅外，其他地區從非洲到東南亞都已相繼淪為歐洲列強的殖民地，作為俄籍塔塔爾人，伊布拉欣兼有民族和宗教上的少數族群身分，長期以來又有著被祖國的主體民族從民族和宗教兩方面邊緣化的感受。儘管他出生在俄國，但作為民族和宗教少數的雙重邊緣化感覺，使其對俄國並沒有鄉土歸屬感。作為同屬阿勒泰語系突厥語族的民族，他希望在奧斯曼帝國能夠找到歸屬和慰藉；同時，作為伊斯蘭學者，他對發展伊斯蘭教滿懷理想，從日俄戰爭中日本的勝利看到了明治維新以來日本的強大，試圖借助日本整合穆斯林世界，擺脫歐洲的殖民統治。這種理想同日本的泛亞洲主義在某些方面有所重疊，日本想利用整個穆斯林世界的力量來掀起反歐運動，實現其大亞洲的夢想。然而，他在遊歷中所觀察到的中國回族，深明國家大義，具有自身宗教傳統。既不會受到泛伊斯蘭主義的影響，也不被日本軍國主義所利用，因此，他在中國的旅行可以說是陌生地來又陌生地離開。他的理想幾乎就是個烏托邦，穆斯林世界在反殖民浪潮和民族國家概念興起的背景下，碎片化為不同的國家，哈里發制度隨著奧斯曼帝國的解體最終成為歷史，而日本的軍國主義理想最終在二戰中遭受重創，既沒有建立起「大東亞共榮圈」，也未能整合起穆斯林世界的力量，反而是其侵略行為得到了全世界的抵抗。

　　1933 年，即遊歷中國十餘年之後伊布拉欣再返日本，自此以後，經其參與和推動的日本同整個伊斯蘭世界的聯繫，為日後乃至今天兩者之間的關係打下了一定的基礎，日本的多種工業產品迄今在伊斯蘭世界占有牢固的市場，以及伊斯蘭教則在日本獲得了寬鬆的發展空間等，特別是日本學界開啟的伊斯蘭研究，這些都同伊布

拉欣的拓荒之功有關，這也許就是伊布拉欣未曾綢繆，卻又實實在在建立起來的日本同伊斯蘭世界的關係。[1]

伊布拉欣雖出生在俄國，但塔塔爾族身分和他在穆斯林世界的遊歷和學習經歷，讓他更多地有了東方人和穆斯林的雙重視角，對西方國家自工業革命以來對東方的覬覦和掠奪充滿了同情與擔憂。這種同情與擔憂也讓他將中國的命運置於整個東方社會的框架下予以觀察和思考。如果說歷史上「西方的中國形象是西方文化投射的一種關於文化他者的幻象，是西方文化自我審視、自我反思、自我想像與自我書寫的方式，表現了西方文化潛意識的欲望與恐怖，指向西方文化『他者』的想像與意識形態空間。」[2]那麼伊布拉欣作為非西方、俄籍少數民族塔塔爾人、遊歷了亞洲許多地區的穆斯林的認識和書寫，也為我們觀察海外世界表述的中國提供了另一種長期以來被忽視了的視角。

對於伊布拉欣的旅行，他本人稱是踐行宗教的教導，即通過旅行觀察萬物造化的個人行為。但也有人說他同素丹阿布杜哈米德二世交往密切，受其支持從事宣教和維持當地穆斯林社群以效忠於哈里發的傳統。[3]阿拉伯人和土耳其人一般將他看作是為主道奮鬥者，強調他在日本的宣教之功；而學界又強調他是伊斯蘭主義者或泛伊斯蘭主義者。實際上，伊布拉欣作為出生於俄國的塔塔爾人，一生鞍馬勞頓，羈旅異鄉，其國家的歸屬感要弱於其族群和信仰的歸屬感。他在土耳其的旅居和社會活動，雖然不乏他作為塔塔爾人對同源民族奧斯曼人的親近感，但更為重要的是17-19 世紀之間延續了二百餘年的俄土戰爭，讓他對同為穆斯林的奧斯曼人抱有同情和厚望，希望能借助風雨飄搖的哈里發制度重振伊斯蘭教。他對印度、中國、朝鮮和日本的關注，又增長了他的東方人意識。因此，他有著塔塔爾人、穆斯林、東

---

[1]　關於日本對於「伊斯蘭世界」的觀念，可參考羽田正著，劉麗嬌、朱莉麗譯：《「伊斯蘭世界」概念的形成》第三部分〈「伊斯蘭世界」概念在日本的受容和展開〉，上海古籍出版社，2012 年，第 125-180 頁。

[2]　周寧：《天朝遙遠：西方的中國形象研究》（上），北京大學出版社，2006 年，第 3 頁。

[3]　Mustafa Serdar Palabiyik, The Ottoman Travelers' Perceptions of the Far East in the Early Twentieth Century, *Bilig*, Vol. 65, 2013, p. 289.

方人的多重身分和多種經歷。東方人的意識在某些時候超越了其族群和宗教認同，希望通過東方人的聯合來應對歐洲殖民主義威脅。[1]

　　同近代以來進入中國各地的西方人，特別是傳教士相比，作為穆斯林的伊布拉欣及其旅行者的身分都會影響他對中國的觀察。大多數傳教士通過在中國各地建立醫院、學校、傳教點、教堂等，同中國人（包括各個民族）進行深入互動，以此來宣傳基督教並「收穫靈魂」，而伊布拉欣卻較為關注中國穆斯林，只不過他關注到的只是中國東部地區的回族和個別撒拉族，同專門致力於向中國回族宣教的傳教士相比，其行為在於瞭解中國回族社會，為其伊斯蘭主義和日本的泛亞主義尋找適當的結合點。然而中國回族在宗教方面的「貧弱」及其中國化特徵都讓他較為失望，他很清楚這兩種目的的聯絡不會有太多結果。加之日本自 1910 年後重點關注中國和朝鮮半島，暫時擱置了同歐洲大陸中部伊斯蘭世界聯繫的構想。[2]因此，通過旅行，伊布拉欣並未在中國做進一步「觀察」，而是在日本專注於發展教務及開展日本同東南亞、南亞和西亞穆斯林世界的相互認知工作，並終老於此，算是在異鄉實現了他為宗教奮鬥的人生目標。

---

① 　Mustafa Serdar Palabiyik, The Ottoman Travellers' Perceptions of the Far East in the Early Twentieth Century, *Bilig*, Vol. 65, 2013, p. 307

② 　Sinan LEVENT, Japan's Central Eurasian Policy: A Focus on Turkic Muslim Minorities, *Social Science Japan Journal*, Vol. 22, No. 1, p. 131.

中國紀行譯文

阿布杜熱施德‧伊布拉欣伊斯蘭世界紀行

——百年前日本伊斯蘭教的興起及中亞、東亞、南亞和西亞的穆斯林狀況

العالم الإسلامى فى رحلات عبد الرشيد ابراهيم

بدايات الإسلام فى اليابان وأوضاع المسلمين فى وسط وشرق وجنوب وغرب آسيا قبل مئة عام

譯　　（كمال خوجه 科瑪魯‧霍加）、（صبحى فرزات）蘇布黑‧費熱紮提

校　　（أ. د. صالح مهدى السّامرّائى 博士）薩利赫‧邁赫迪‧薩姆拉伊

古蘭經知識出版公司（مؤسسة علوم القرآن）

天房伊斯蘭文化出版社（دار القبلة للثقافة الإسلامية）

伊曆 1432 年（西元 2011 年）第 1 版

前言

　　在過去的百年間，伊斯蘭世界的穆斯林一直傳述著日本重視伊斯蘭教及穆斯林熱衷於向日本民眾介紹伊斯蘭教的故事，而且已經編纂了與之相關的各種故事，但所有故事總體上都講述的是我前面所說的事情。在見證過二十世紀初期日本與伊斯蘭世界的關係及伊斯蘭教可能在日本傳播的眾多人物當中，有已故俄羅斯塔塔爾學者、思想家、旅行家——阿布杜熱施德‧伊布拉欣（عبد الرشيد ابراهيم）先生，他於1909年遊歷日本時逗留了6個月，並以奧斯曼土耳其語寫了這本書，即《伊斯蘭世界與伊斯蘭教在日本的傳播》（عالم إسلام وانتشار الإسلام فى اليابان）。該書於伊曆1327年[①]在伊斯坦布爾出版，書中記錄了作者對此次遠東旅行的主要國家——日本的很多想法和回憶，以及他在中亞、西伯利亞、朝鮮、中國、新加坡、印度、麥加、麥迪那、伊斯坦布爾觀察到的很多情況。

　　本書被認為是一本宣教及遊記作品，在當時名氣很大。根據穆罕默德‧熱哲布‧布尤米（محمد رجب البيومى）博士在其於1968年3月發表在《愛資哈爾》（الأزهر）雜誌上的文章所述，精通土耳其語、波斯語、烏爾都語的已故阿布杜宛哈布‧爾紮目（عبد الوهاب عزام）博士稱讚本書，認為這本書比《伊本‧白圖泰遊記》更重要，並且希望這本書能被譯為阿拉伯文。此外，已故穆斯林大眾詩人、沙烏地阿拉伯國家詩人阿布頓拉‧布里黑爾（عبد الله بلخير），以贊譽之詞將阿布杜熱施德‧伊布拉欣之名記錄在了阿拉伯文學之中。土耳其詩人、穆斯林大眾詩人穆罕默德‧阿克夫（محمد عاكف）也讚揚阿布杜熱施德‧伊布拉欣並在伊斯蘭世界明揚其功德。（5）

---

① 即西元1910年。

　　我在一次伊斯蘭世界與日本關係的研討會上發現了這本珍作，隨後我盡力尋找能將其譯為阿拉伯文的翻譯人員。本書第一次是敘利亞人蘇布黑・費熱紮提（صبحى الفرزلى）①老師為我翻譯的，第二次是敘利亞裔土耳其人科瑪魯・霍加（كمال خوجه）老師翻譯的。這兩次翻譯是初譯，我特別想以清晰的且看不出翻譯痕跡的阿拉伯語表述方式整理本書的譯文，以達到原稿如阿拉伯文寫就的效果。儘管我很忙，但我對此仍孜孜以求，親力親為此項工作，查缺補漏，熟悉原作，找兩位譯者校對，歷時三十年，耗費了大量的財力、物力和時間。

　　阿布杜熱施德・伊布拉欣先生在他的書中就近代伊斯蘭歷史及偏遠的東南亞、中亞和遠東地區的關鍵問題提出了很多真知灼見。此外，他就以多種方式向日本民眾介紹伊斯蘭教的初步嘗試做了闡釋，其獨特的宣教方式顯示了一位思想家所具有的才學素養，這也使他成為了那些致力於宣傳伊斯蘭教，特別是在非伊斯蘭國家宣教者們競相效仿的榜樣。儘管本書已經過了近百年，但其仍是一部具有文學、歷史及宣教價值的經典作品，我一直希望本書中有關日本、朝鮮和中國的部分能被譯為這幾個國家的語言。哲米里・李（جميل لى）博士已將朝鮮的部分譯成了朝鮮語。小松香織（كوماتسو）老師將涉及到日本的部分已譯為日文了，托靠真主，我將找人把有關中國的部分譯為中文。

　　阿布杜熱施德・伊布拉欣先生傾慕遠東地區，尤其是日本，他一直堅信日本民眾具有優秀的品質，理應信奉伊斯蘭教，踐行聖訓「在蒙昧時代裡他們中的優秀者，若精通了教義，仍是伊斯蘭中的優秀者。」②他見過很多長官、學者、軍官和記者，結交過普通大眾，他將所有此類經歷凝練在了他的這本書裡。（6）

　　阿布杜熱施德・伊布拉欣於 1933 年周遊世界後再次來到日本，定居日本並從事伊斯蘭教活動直至 1944 年去世，去世後葬於東京（طوكيو）的突厥塔塔爾穆斯林

---

① 此處صبحى فرزات與譯者صبحى الفرزلى應為同一人，此處應為印刷錯誤。

② 祁學義譯：《布哈里聖訓實錄全集》（第三卷），商務印書館，2018 年，第 1532 頁。

墓地，願安拉慈憫他。沙特作家阿齊茲‧鐸亞伊（عزيز ضياء）有次告訴我阿布杜熱施德是他母親的舅舅。

他的原作以奧斯曼土耳其語（阿拉伯語字體）寫成，之後又以拉丁字母重印了兩版。有位土耳其青年的博士論文寫的就是他，我已經將他的論文翻譯成了阿拉伯文。我希望阿拉伯學生中能有學生寫一下關於他的論文，以便將他介紹給更多的阿拉伯人。此外，有位德國研究人員給我寫信想要一些有關阿布杜熱施德的資料做他博士論文的參考資料。

我不想提及有關本書的過多細節，將其留給尊貴的讀者自己閱讀，並對該書給出自己的評斷。就我而言，我認為本書對於阿拉伯穆斯林讀者及非阿拉伯穆斯林中懂阿拉伯語的讀者是有益的，或許他們能夠從中發現有價值的東西，進而將其譯為其母語。

我為獲取安拉的喜悅而盡微薄之力，祈求安拉的回賜，我為我的教胞及所有為出版此書而努力過的人們祈禱：「你說：『我的禮拜，我的犧牲，我的生活，我的死亡，的確都是為安拉──全世界的主。他絕無夥伴，我只奉到這個命令，我是首先順服的人。』」[1]（7）

---

① 《古蘭經》牲畜章：162-163。

作者序

　　勇士們、學者們，如果探尋今日世界最大最重要之事，那麼我們會發現生活之事是最重要的事情。一個人積極進取、勤奮努力、工作、拼搏，他的這一切所作所為都是為了生活。假使有人擁有超越他人的思想，那也是其對生活的思考。

　　人的生活有兩種：一種是群體的、大眾的；另一種是私人的、個體的，即個人生活。毫無疑問大多數人的工作是為了自己的生活，因而他們不可能去想像或思考生活圈子之外的事情，他們努力使自己的生活過的比其他人好，除此之外他們幾乎沒有別的生活。然而有些人總是關注社會大眾的生活，因而他們的思考、眼光、希望和悲傷都離不開社會大眾的生活。這樣的人，即便他們是少數，但仍會為了社會大眾的生活前景而捨棄自己的所有生活。

　　任何一個明白事理的人自然會思考這兩種生活，而且會發現這兩種生活根植於人的本性之中。的確，有些人被教會思考，但他們的思考並非發自內心。所以一些接受了教育的人常夢想著有朝一日為社會大眾之事服務，不過他們缺乏決心和毅力，因為他們一旦遭遇了挫折就不再關注社會大眾之事，他們是為了踐行曾經某個時刻的許諾而去做一些事情，因此你會發現他們逃避挫折，最終變成了有名無實之人。

　　至於做好了為社會大眾服務思想準備的人，應當明白為社會大眾服務就意味著要捨棄個人的優渥生活，為了大眾的利益要遠離各種誘惑，在品味成功之前要經歷各種困難、艱辛、誘惑與磨難的困擾，要不懼刀劍，不怕槍炮。（9）要把實現社會服務方面的任何成功都當成一項義務，把社會大眾生活的任何不幸都視作自己的苦難。

　　個體的生活絕大多數時候都囿於個人，如果一個人的生活超越了其個人生活範圍，那麼就應當包括其家人和一些親屬。至於社會大眾的生活，它確是屬於整個民

族的，涵蓋了芸芸眾生的生活。誰服務社會大眾的生活便是服務數百萬大眾。但是這種服務仍是有限的。原因是這樣的人其服務僅限於自己的國家，或他們的族人。儘管人類為自由、人道主義和文明而奮鬥，但你會發現只有眾先知在乎大千世界的福澤。你會發現法國人，或英國人、阿拉伯人、塔塔爾人，及其他任何國家或民族的人，他們的服務絕不會超越自己的教眾或民族界限。無論英國人有多崇尚自由，也不要奢想他們對法國人的好感會勝過自己人。無論德國人的文明程度有多高，也不要期待他們會為了奧地利人的利益而捨棄自己的利益，即便他們真的那樣做了，那也不是誠心之舉。

於我而言，我堅信並接受為我的教胞和宗教服務的思想，我自三十年前就已致力於應對各種困難，承受了各種磨難，但我的教胞始終是我的教胞，我仍要不斷提及他們，只要活著我就會踐行我為他們服務的諾言。我的宗教是伊斯蘭教，我的教友是穆斯林，「你們應當為安拉而真實地奮鬥。他揀選你們，關於宗教的事，他未曾以任何煩難為你們的義務，你們應當遵循你們的祖先易卜拉欣的宗教，以前安拉稱你們為穆斯林，在這部經典裡他也稱你們為穆斯林，以便使者為你們作證，而你們為世人作證。」①

我順應自己的本性走在服務伊斯蘭教胞生活——他們與我同屬伊斯蘭教胞——的道路上。在這條路上我承受了各種苦難，失去了親人和孩子，我仍毫不猶豫地堅持以合理的方式反擊伊斯蘭的敵人，我以唇舌筆硯與敵人戰鬥。有時我不得不與一些伊斯蘭信仰不純的人鬥爭，（10）以至於一些道貌岸然的伊斯蘭學者得知此事便指控我叛教。他們指責和誹謗我，卻找不出罪名。感贊安拉，沒有使我陷於失望，讓我堅守在這條道路上，並使我的渴望愈加強烈，我根據《古蘭經》的教誨做事。

① 《古蘭經》朝覲章：78。

　　服務教眾的信念促使我開啟了一段漫長的旅程，以便踐行尊高的安拉的曉諭。「你說：『你們當在大地上旅行，然後觀察否認使者的結局是怎樣的。』」[①]前無引路人，後無助力者，但我堅定意志，手握托靠安拉的手杖，虔誠地高揚安拉的教導，宣傳緊握安拉的繩索並做祈禱，我將我的家人和如我心肝一樣的尚未成人的孩子託付於從不爽約的真主，我祈求安拉佑助我完成此次旅行。

　　儘管安拉的經文中有很多內容強調我們當在大地上旅行，然後觀察和思考，但近些年來，我們在穆斯林當中幾乎看不到有誰下定決心去旅行。或許有一些人在旅行，但我們卻對此一無所知。

　　很久以前，我就籌劃著開啟一段漫長的旅行，但是我要麼將時間花在追求安逸上，要麼被其它事阻礙滯留。大概五、六年前，我下定了決心，不過當時的俄國革命導致了世界性的巨大動盪，致使很多解放運動此起彼伏，大量穆斯林教胞被捲入這場洪流，對教眾未來的擔憂開始困擾著我們，我認為維護俄國穆斯林教眾的權利是一項神聖的義務，因此這也致使我對此次旅行拖延再三。（11）

　　當俄國爆發革命的時候，我們塔塔爾人毫不猶豫地加入革命以表明我們的俄國人身分。當時各個政黨開始在聖彼德堡（بترسبورغ）組建，俄國境內的穆斯林意識到以「聯合」的名義組建一個獨立政黨的必要性，隨即在聯合的基礎上組建了一個政黨，而組建它的基本目標便是建立一支保護該政黨的防禦力量。所有穆斯林都在俄國條件允許的限度內行事，他們沒有絲毫退縮。最終，在一段時期內，喀山（قازان）人民獲得了處理某些事務的自主權。此外喀山穆斯林在自己的一些聚居區組建了專門的自治機構，喀山穆斯林的自治機構如同其他地區的自治機構一樣，僅延續了三天，儘管穆斯林居住於一些動盪地區，但他們沒有放棄任何形式的鬥爭活動。即便是在政府明文規定禁止兩個以上人員聚集的日子裡，穆斯林仍有數百人集會，共同探究自己的事務和權益。穆斯林開辦了很多出版社，能夠印刷大約三十種報紙，新聞業開始有力地捍衛伊斯蘭的合法權益。隨後，穆斯林召

① 《古蘭經》牲畜章：11。

開了常務會議，在選舉中他們表現得極為團結。在第一次和第二次會議選舉後，他們將策略核心確定為堅決捍衛穆斯林的宗教和民族權益，不可退縮。令人遺憾的是，烏雲遮眼，獨裁體制復返，採用宗派強權，踐踏文明與人道主義權益，襲擊出版社，砸碎筆墨，絕大多數報刊關了門，很多人失去了性命。統治者也查封了我們的一些阿拉伯文和土耳其文報刊，我們的一些出版社也毀在了他們的槍炮之下。我希望自己是一位可以拯救自己的船長，所以我選擇了這次計畫已久的旅行，向著土耳其出發了。

—— 阿布杜熱施德・伊布拉欣（12）

上部

一、滿洲里

滿洲里（منشوريا）官方層面屬於中國。十二月十七日，我到達滿洲里車站，在這裡我遇到了不少親友。從西伯利亞（سيبيريا）腹地的吉拉布尼斯科（جيلا بنسكى）到達滿洲里，我走完了 4473 公里的路程。我現在置身親友當中，換句話說周邊沒有任何陌生人，沒有語言上的障礙。我遇到的這些親友都是分散在西伯利亞世界裡的突厥後裔。事實上我覺得仿佛在自己的家裡，在自己的親人當中。當我到達車站從車廂裡下來時，一個年輕人快步向我走來，親吻了我的手，拎起我的行李，在前面領路讓我跟他走。我們搭上一輛馬車，來到了阿布頓拉‧本‧伊提柱拉（عبد الله بن اتجورا）先生的家裡。即便我們在中國，但仍可以住在自己人的家裡。（155）

滿洲里鐵路的工作人員都是俄國人，雖然也有一些中國人，但人數非常少。在到達滿洲里車站之前，我極少會碰見中國人，但當我們在車站下車時，第一眼看到的都是留著辮子的中國人。

有人告訴我滿洲里有兩種海關。凡是經俄國來的貨物由中國海關接管，並從中收取規定的關稅，至於經中國運往俄國的貨物，則由俄國人收取關稅，同時中國政府也要收關稅。這兩種海關就在滿洲里境內。大多數中國海關的工作人員是中國人，然而這些海關裡面的高層管理者是英國人。顯然，英國人在整個中國都如同委任官一樣行事。假如你在某個地方發現有財務局，毫無疑問那裡一定會有一位英國上司。滿洲里被看作是通往俄國的關卡，事實也的確如此。這也是為什麼滿洲里管事的人不止某一個國家，還有很多英國人的原因。

滿洲里本來是俄國拓展鐵路時作為邊境地區所建的一座小城，在日俄戰爭爆發之前，這座小城由俄國管轄，當時這裡沒有其它海關及管理機構，因為它被視為俄國的一部分。日俄戰爭之後，這裡的邊境發生了變化，俄國邊界線的劃分開始從這裡算起。

　　隨著滿洲里俄國工作人員的撤離，各種關稅便強加在了所有商人的身上，這導致滿洲里的貿易市場一片蕭條，對於俄國商人而言是一個沉重的打擊。當日本的眾多商品出現在各種市場上時，俄國商人只能帶著他們的貨物打道回府。我們在前文說過滿洲里為俄國人所建，與俄國居民一起的有六家來自俄國內地的穆斯林，他們遷來之前就已經是富商了，（156）來到這裡之後，這六家穆斯林為自己建了一所學校和一座清真寺。事實上我並不在意其它事情，例如我不會刻意去確認這些穆斯林在宗教上是否堅定，以及他們對宗教知識的學習是否上進，故而當我發現這裡有學校時，我就趕緊去考察學生[①]和老師。因為這是我在整個遠東地區的使命，當然也包括滿洲里。

　　日俄戰爭之後，當滿洲里歸屬中國時，俄國人開始收手並遠離這片土地。由於找不到買主，他們將花費了兩三萬盧布所建的房子以三百盧布出售。換句話說，他們沒有看護好「防患未然」的基地，他們曾將辛辛苦苦賺來的錢花費在建造房屋方面，而今天他們被迫離開這片土地時，卻沒有帶走任何財產。我在滿洲里待了一晚，第二天便離開此處去往齊齊哈爾（جيجكار）。

二、齊齊哈爾

　　連接哈爾濱（هاربين）與滿洲里的鐵路是俄國人修建的，然而與日本發生戰爭之後他們將鐵路留給了中國，因此稱「中國東方鐵路」。滿洲里到哈爾濱的路程是876公里。所有的鐵路工作人員都是俄國人，他們在這裡的工作要持續到很多交接工作完成後。實際上部分交接工作已經完成了，鐵路沿線的很多月臺已經交由中國人管理，而且關稅單上的文字也改成了中文，海關電報也用中文發送。

　　齊齊哈爾位於滿洲里623公里之外的地方，是中國政府建的一個軍事基地，這是我第一次在滿洲里看到的中國領土。這個地方是俄國邊境上的一個重要的軍事基

---

① 中國穆斯林一般稱清真寺的學生為「滿拉」。

地。（157）當火車接近齊齊哈爾時，一個塔塔爾人來到我跟前向我道了賽倆目，我給他回了賽倆目，並與他握了手，隨後我問他：

——　請問你是做什麼的？你要去哪裡？

——　我是個商人，去齊齊哈爾做爾迪。[①]

——　太好了，我也去那裡。真是巧了，托靠真主，我們一起去吧。到了車站，我們是不是還要騎馬進城？

——　是的，我們要騎馬。我在車站那邊有個店鋪，晚上我們先住在店裡，因為我還不知道爾迪到底是哪一天呢。你要知道，中國的穆斯林只有見到了新月才會做爾迪，這個月月初的幾天都是陰天。或許我的店員知道情況。

——　根據我的推算，今天是伊曆十二月的第八天。

——　這個我還真不知道，不過中國的歐萊瑪是絕不會接受推算的，他們必須要見到新月才做爾迪。

事後我才得知我的這位商人朋友叫阿布頓拉（عبد الله），他早前就聽說過我。我們一路暢談，直到齊齊哈爾車站。下車後，阿布頓拉先生的一個店員來接我們，我趕緊向他打聽爾迪的具體日期，他告訴我「爾迪在五天後」。

我被震驚到了，簡直難以置信。無論怎樣，我們總算是到了阿布頓拉先生的家裡，今晚我就在這裡借宿了。這裡的居民多是鐵路工作人員，也有一些是商鋪老闆。這裡周邊沒有村莊。

第二天一大早我們乘坐馬車前往齊齊哈爾，從他家到齊齊哈爾城的路程是 25 公里，我們走了整整兩個鐘頭才到。進城前，我看到城周圍有幾個很大的營區，營

---

①　「爾迪」意為節日，包括開齋節和宰牲節，此處指宰牲節。

區裡面所有的騎兵和步兵都留著長長的辮子。道路兩邊時不時走過幾個訓練士兵的英國軍官。（158）

當我走近齊齊哈爾城時，映入眼簾的便是齊齊哈爾城的城門。

城門臨著一條主幹道，但這個城門不允許進出。事實上，類似這樣的設計源自中國的古老傳統，中國的每個城都配有宏偉的城門，而且有些城臨街而開的城門不止一個，入城的門有好幾道。

進城後，我在阿布頓拉先生的一個朋友家借宿，他是一位有名的穆斯林商人，名叫高安（كو-ن），也是一位富商。我第一次客居於一個真正的中國穆斯林家裡。高安的住宅極為普通，院子大門上用阿拉伯文寫著「吉慶之門」，後來我瞭解到穆斯林宅院的門上都會寫上阿拉伯語如「清真言」、「泰斯米」、「吉慶之門」，這是穆斯林住宅和非穆斯林（مجوس）①住宅之間的一種區分標識。至於穆斯林的商鋪與非穆斯林的商鋪之間的區分，則是穆斯林的商鋪門上尤其是餐館門上會有一個壺形圖案，顯然這種區分是很明確的。

高安是一位特別友好的穆斯林，他的阿拉伯語名字叫優素福。中國的穆斯林有兩個名字，一個是所有穆斯林都會有的阿拉伯語名字，另一個是所有中國人都會取的漢語名字。漢語名字是根據中國的文化傳統而取的，不過他們不常用他們的阿拉伯語名字，以至於即便兄弟之間也互不知經名。所有中國人都以中文名字互作介紹。

高安先生非常熱情地接待了我，他在他父親的家裡專門為我安排了住處。他的父親是個穩重慈祥的老人，總是面帶微笑。遺憾的是我沒能跟他交談，因為他只懂漢語，不過高安懂俄語。我們彼此認識並熟悉以後，我便央求高安為我介紹一些此地的歐萊瑪，他的建議是拜訪歐萊瑪最好去清真寺。依高安之言，我們去了清真寺。（159）

---

① 該詞原意為祆教徒、拜火教徒、古波斯僧，作者以該詞稱呼中國的非穆斯林。

　　這也是我第一次親眼見到中國的清真寺。如果僅從清真寺外面的各種雕像來看，你很難會猜到它是一座清真寺，而且看到那些雕像時，你也許會猜想這是不是一個雕像作坊？或者你會不假思索地說這真是個供神的好地方。當我們走近清真寺時，我看到其大門上用阿拉伯文寫著「萬物非主，唯有真主，穆罕默德是真主的使者」。進到院子裡面，我注意到院子非常整潔。當然，整潔是清真寺的一大特點。禮拜殿的大門臨著院子而開，院子裡設有幾間廂房與禮拜殿相連。在廂房裡面，我與幾位留著辮子的青年相互道了「賽倆目」，隨後我用阿拉伯語問他們「你們誰會講阿拉伯語？」一個青年答道「我會阿語」。從「我會阿語」這四個詞中我意識到這個青年的阿拉伯語水準一般。我盡力以最簡單的詞彙與他交談，終於弄清了點眉目，這是一個清真寺的學堂，他們都是學堂裡的學生，這引起了我的注意。學堂裡大約有十五名學生，但是他們中沒有人能夠跟我進行有效的溝通，於是我不得不詢問他們的老師在哪裡，他們說「阿訇懂很多阿拉伯語」。

　　我心裡想，如果阿訇懂阿拉伯語，那將對我很有幫助。於是我就去找阿訇，我去時他正在自己的房間裡坐著。我向他道了賽倆目並與他握了手，阿訇說道：「你是個大歐萊瑪。」我說：「我只是眾歐萊瑪的一個侍從。」

　　經過交談我發現阿訇的阿拉伯語水準與他的學生的阿拉伯語水準相差無幾，於是我站起來走到他的書桌前翻看書籍，發現裡面有《古都里》（القدورى）、《黑達耶》（الهداية）、手抄本的《古蘭經》和《簡明麥阿尼》（مختصر المعانى）[1]。這裡的所有經都是阿拉伯文手抄本。我邊翻閱邊想：「他們應該都是有知識的歐萊瑪，而且他們的阿拉伯語水準應該是可以與我們交流的。」然而，讓人無奈的是，我發現不僅僅是學生，即便是阿訇，阿拉伯語水平也是如此薄弱。對此，我感到很失落，心想可悲啊，這裡的伊斯蘭教緣何走到這種地步？為何會變成這樣？難道就沒有人為這種不幸而感到困惑嗎？（160）

---

[1]　《黑達耶》和《古都里》是著名哈乃斐學派的教法學典籍，屬於中國伊斯蘭教經堂教育參考用書；《簡明麥阿尼》為阿拉伯語詞典。

　　那天，我在學堂裡一直待到下午。宰牲節的時候，學生都放假。不過，就算是假期，經堂裡也有學生進出。當時，有兩三個學生進學堂的時候手裡拿著一些東西，我仔細一看，發現是一些紅紙。隨後，他們將紅紙分成了數份。於是，我便上前詢問緣由，他們說那些紙裡面包的是索得格（صدقة）。①經過觀察，我發現了很多難以理解的事情。紅紙裡面包的只是些零錢，而這些無知的學生還要在上面做標記。

　　做過宵禮後，我回到了高安先生的家裡，吃過晚飯我就蜷縮在床上睡了。這裡的天氣很冷，中國人沒有取暖或生火的爐子，他們的屋子都以煙取暖，這是我在世界上其它地方從未見過的事情。生煙的是一些普通的木材，他們的家裡沒有設置出煙口，因此滿屋子都是煙，讓人難以忍受，感覺眼睛幾乎要裂開了，簡直糟糕透了。我想起了我們那裡有一種廁所叫做「叴兕孟哲」（قارامونجة）②，這種房子就是「叴兕孟哲」。我們就在這種糟糕的地方客客氣氣地從晚上捱到天亮。

　　第二天我又去城裡轉悠，稍微轉了一會之後我就去了那所學堂。當我試著去理解學生們奇怪的語序和不斷重複的單詞時，我發現他們中有人懂俄語。儘管懂俄語的那個學生詞彙很貧乏，但至少可以交流。感贊安拉，在他的幫助下，我和學生之間的交流很有效果。由於一些事情的打擾，我們之間的交談不到兩個小時就結束了。從他那裡我得知這座城市中居住著一些穆斯林，城裡的清真寺有兩座，穆斯林家戶的數量是 1500 戶，大多數穆斯林收入微薄。而商人的人數不超過十人，他們中還有少量手藝人。

　　他告訴我這裡的穆斯林只有一所學堂，即我們所在的這所學堂。學堂裡的學生人數顯然不超過十五人，還有另外一座清真寺。不過寺裡的伊瑪目麥茲海布（مذهب）③古怪，（161）是個無知的人。他的話確實引起了我的重視，我對他說：

---

① 　索得格（صدقة）意為施捨或施捨物。
② 　相當於旱廁。
③ 　「麥茲海布」意為派別，此處特指法學派別。

「我希望你能帶我去見見那個麥茲海布古怪的伊瑪目。」一開始他拒絕了我，之後他又答應了，他說：「我會滿足你的願望帶你去見他的。」這兩座清真寺離得不算很遠。我們到那兒之後，在即將邁進清真寺大門的時候，我聽到裡面有小孩子的聲音。於是，我們徑直進了學堂，我發現裡面大概有三十個學生和一名手持長棍的男子。看到我們時孩子中一陣喧嘩，隨即所有人大聲說「安賽倆目而來庫目」，當時我熱淚盈眶。隨後我問那位男子：「您會講阿拉伯語嗎？」他答道：「會一點點。」聽他這麼一說，我便在心底思忖他肯定不是一般人。

我們很快便開始用阿拉伯語交流起來，他說：「很慚愧，我是阿訇，但我的阿拉伯語水準很一般。」

這個男人讓我很吃驚，他至少承認自己的不足，而且對於我所說的內容他多多少少也算聽懂了一些。我儘量試著用最簡單的阿拉伯語跟他交談，以便不會讓他覺得我們之間的交流還需要翻譯人員。由於第二天是（朝覲）駐阿拉法特山的日子，他給學生放了假。從他的談話中我瞭解到他曾求學於東京（تونكين）①，那裡有很多阿拉伯人。他能以《古蘭經》誦讀法誦讀「法提哈章」，而且在做禮拜之前，他還會念上三遍「忠誠章」。每週四他都會高聲誦念贊詞。原來這就是人們口中的麥茲海布古怪的阿訇。我心想，假如整個齊齊哈爾有一個穆斯林，就是這個麥茲海布古怪的阿訇了。

我在齊齊哈爾城裡過的宰牲節，在這裡我也看到了一些非常奇怪的事情。在城裡的時候，我發現伊瑪目和滿拉②封伊曆十二月的十天齋。在他們看來伊曆十二月的十天齋要比萊麥丹月（رمضان）③的齋重要，而且在這些天丟棄封齋是絕不允許的，他們把此類副功（نوافل）當成了主命（فرائض）④，卻忽視了一些他們尚不知曉

---

① 可能指開封。存疑。
② 原詞為（طالب），意為學生，中國穆斯林一般稱經堂學生為「滿拉」，本譯本根據具體語境，或譯為「學生」，或譯為「滿拉」。
③ 伊曆九月，即齋月。
④ 「乃瓦費裡」意為副功，「凡拉伊鐸」意為主命。兩詞為伊斯蘭法學術語。

的主命。比如禮拜，似乎只是阿訇和滿拉的事，而伊曆十二月的這十天齋則成了這裡所有穆斯林的主命。（162）大家可以想見，他們對於我在這十天沒有封齋的行為甚是不滿，而且對我說「你是個不封齋的歐萊瑪。」

中國的穆斯林男子對於宗教上的疏忽，已經變得麻木了。當一個穆斯林看到這種狀況時會很痛心。事實上，我在齊齊哈爾的那段日子裡內心備受煎熬，特別是當我第一次經歷那些事情的時候深感痛心。我去清真寺做禮拜時，我從伊瑪目誦讀的「法提哈」中只能辨別出個別單詞。我當時就在想：「主啊，我從未想過我會發現教門如此奇怪的一個地方。」這到底是怎麼回事呢？假如穆斯林的領袖們目睹這種狀況而沉默不語，復生日他們該怎樣向安拉解釋呢？難道他們對此就不過問嗎？我從未想過一個民族處於如此無知的狀況時其領袖們卻漠不關心。據說中國有八千萬穆斯林[①]，如若他們的狀況都如我在這座城市所見該如何是好？我能做些什麼呢？假如我懂漢語，在這裡再待上幾個月，我定會教他們一些宗教信仰方面的知識和宗教基礎知識。我思考了很久，還沒有找到可行的辦法。試想一下，一座城市裡住著 1500 戶穆斯林，卻找不出一個可以講授伊斯蘭教門知識的老師。真是特立獨行之人難存於世啊。

我去找過他們所說的那個麥茲海布古怪的伊瑪目。我們兩個聊了很多內容，但他說的最多的便是大家在宗教方面的無知，而且每每談及此事，他都聲音凝咽，他說：「中國的穆斯林垮掉了，中國沒有伊斯蘭教了。」

我在齊齊哈爾城禮了兩次爾迪，第一次是跟那個行為古怪的伊瑪目一起禮的。他根據推算，帶大家禮了爾迪。第二次是兩天後與遜尼大眾一起禮的。我給大家講一些遜尼大眾禮爾迪的情況：每個前來清真寺禮拜的人都帶著一個油燈，進入禮拜殿後，將油燈放在一個燈座上，整個禮拜殿煙霧繚繞，（163）常人是很難忍受的，不過他們都已經適應了。因為他們在家裡也是以煙取暖的。

---

① 作者對當時中國穆斯林人數的瞭解源於道聽塗說，並無可靠證據。

當所有人來齊後，伊瑪目便開始講臥爾茲。煙霧繚繞的禮拜殿裡幾乎看不清伊瑪目的面容。有人給我翻譯說臥爾茲講的是宰牲節的美德，這讓我很是吃驚。儘管我聽不懂伊瑪目所講的內容，但我能聽出來他在講臥爾茲的過程中誦讀了幾段《古蘭經》經文，援引了幾段聖訓。

三、阿訇的稱呼

阿訇（آخون）或阿訇德（آخوند）是對中國歐萊瑪的一種稱呼。這種稱謂源自布哈拉和河外地區，在整個俄羅斯、中國新疆、布哈拉、希瓦及中國內地的歐萊瑪中流傳。

阿訇是特指歐萊瑪的一種別稱，但這種別稱的使用有著明顯的差異。在土耳其，是對那些有才華的詩人的稱呼，在俄國是官方對奧倫堡（أورنبورغ）地區大法官的稱呼。因此，不同的地方對該詞的使用不同。然而，在中國這片土地上，凡是清真寺的伊瑪目皆以阿訇稱呼。

我在齊齊哈爾城裡禮過爾迪後還參加了兩位滿拉的畢業典禮[①]。典禮上，眾人為兩名准阿訇的滿拉畢業生頒發了證書，這意味著他們兩位已經順利完成了為期十五年的經堂學習。此外眾人還贈予他倆每人一件中拜（جبة）和一個爾瑪麥（عمامة）[②]。城裡有很多人參加了清真寺舉辦的此次畢業典禮。准阿訇畢業生的授職典禮儀式如下：地上舖著一張很大的地毯，靠近禮拜殿門口一端的毯子上放著一把椅子，一位伊瑪目端坐在椅子上，背向給布來[③]，准阿訇上前來到伊瑪目跟前，兩掌合併，向老師鞠躬，鞠躬時合併的兩手順向腳尖的方向且直至兩手觸碰到腳面，並對老師說些什麼，然後直起身子，（164）將他們的兩手放至自己的

---

① 回族稱之為「穿衣」或「穿衣掛幛」，意味著滿拉完成了學業並具備了擔任教職、出任阿訇的資格。

② 「中拜」即長袍，「爾瑪麥」即纏頭巾。

③ 「給布來」即穆斯林的禮拜朝向。

額前，就這樣鞠躬三次，禮畢。然後眾人攤開一片寫著證書的綠布，並將它掛在禮拜殿的門上，為期三日。這種習俗遍及整個中國。我確實明確地阻止他們不可以給人鞠躬，但他們認為我的反對是一種無知，的確，惡魔已蠱惑了他們而導致這樣的迷誤行為。

當我們看到穆斯林是如此的狀況時，怎能不絕望呢，我所看到的事情對我刺激極大。每當我看到穆斯林處於這種狀況時，我就不敢去參觀非穆斯林的學校。我安慰自己說：「這個地方地處偏遠地區，遠離中國的中心地帶，中國內地應該會有學識淵博的歐萊瑪。」好幾個晚上我跟高安先生徹夜長談，儘管他對宗教知識一無所知。他很富有，但他的宗教生活很糟糕，只懂經商之事。至於這個民族的狀況、美德及宗教方面的事情，他一概不知。當我說到老師及教育之事時，發現他早已睡著了。我告訴他那些阿訇知識很淺薄，不過看上去他似乎不太相信我的話。

有一天我對一直陪著我的阿布頓拉先生說：「我們那裡的歐萊瑪是不會喜歡這裡的阿訇的，他們肯定會說他們跟我們不是一個麥茲海布。」不過這裡的歐萊瑪卻對他們的阿訇極為認可，也認同他們的觀點。這裡一些不懂宗教的人把我歸到了古怪的麥茲海布裡面。我在齊齊哈爾住了六天，對我來說比六十天還難熬。

四、抬者納茲

在齊齊哈哈爾時，還有一件事引起了我的注意，即抬者納茲（جنائز）①，我發現整個中國的穆斯林都是一個模式：假如有人去世，亡者的家人和親戚都身著白色衣服，並將亡者之事報知阿訇。（165）而阿訇來之後的第一件事便是詢問亡者是否欠債，如果欠債，則找來債主按數還債。如果亡者無法還債，則債主和亡者子嗣之間須寫一個他們雙方都滿意的合約，然後開始安排葬禮。

---

① 「者納茲」意為葬禮，此處指抬「死屍」，回族民間稱之為抬「埋體」。

這種方式讓我感到非常驚奇。俄國的穆斯林歐萊瑪與這些人的做法是不一樣的，費底耶（فدية）和則卡提（زكاة）①被伊瑪目拿走了，至於亡者是否有債務，他們是不提的，即便有也妄稱亡者沒有能力償還債務，因此就算有費底耶或索德格等，那也是給富人的，而不是給窮人的。

埋體②料理妥當後，亡者的親戚朋友們用棍子抬著埋體向墳地走去（對於布哈拉人而言，他們不知道這些棍子的用途，不過，中國的非穆斯林卻熟知此事）。

五、中國政府對中國穆斯林兒童的態度

中國政府只為穆斯林兒童開辦了三所學校，穆斯林承擔這些學校的全部開銷。我去過這些學校，發現學校裡的很多老師是非穆斯林。我更多地認為類似這樣的學校對於穆斯林沒有多大壞處，至少他們能學習讀寫。眾所周知，在中國人看來，閱讀與寫作的學習是一項重要的技能。最重要的是學習象形文字，這是一件很難的事情，因此一個學生要掌握三萬六千個象形文字③才能閱讀和書寫（有時我們中很多人認為學習二十八個阿拉伯語字母是很辛苦的），即便如此，在中國懂得閱讀與書寫的人仍然非常多。（166）

六、中國士兵

我瞭解到齊齊哈爾的教官人數很多，他們教士兵使用現代武器。我沒有關於軍事訓練的信息，因此對於訓練事項說不上什麼。我只能說這裡的大多數教官是英國人，其中還有一些日本人，由於這些軍事教官在俄國邊境上訓練，所以毫無疑問他們的訓練是過關的、全面的。

---

① 「費底耶」意為贖金，「則卡提」意為天課。

② 「埋體」意為死者、屍體。

③ 這一數字顯然有所誇大，可能是作者誤聽或誤記。常用漢字為三千多個，最新版《新華字典》收錄字也不過一萬多個。

在我留居此城期間每天都觀察士兵，我看到他們早晨和晚上堅持訓練。有時教官教他們一些對列和演練的事項。我去過兵營，看過他們的飲食。軍營裡的一切安排都井然有序。

我在齊齊哈爾的時候聽到人們私底下議論，說北京（بجين）[1]下達了一條剪掉士兵辮子的命令，但士兵們拒絕執行此項命令。如果說中國人有什麼可炫耀的事，那便是辮子和指甲。他們從來不修剪指甲，剪辮子對他們來說相當於砍頭。關於這件事待我到北京之後會細說。

七、哈爾濱

哈爾濱是滿洲里最大的城市。哈爾濱自古以來就是中國的屬地，以前叫府道台（فوده تان）[2]，後來俄國人來到這裡，在此定居並建了一座名為哈爾濱的城市，之後這個城被分成了三個區：新城、老城和碼頭（پريستان）。而府道台是一個城區，是一個獨立的區域。哈爾濱有一段時期是由俄國人統治的，(167) 城裡的所有工作人員都是俄國人，城裡的法律規定也是由俄國人制定的。

現在哈爾濱的情況已不同以往，儘管哈爾濱歸俄國管轄，但中國的工作人員視具體情況可同他們進行交涉。一旦中俄之間出現摩擦，不管事情的緣由如何，也不管由誰來裁決，中國都是占理的一方。至於在府道台，俄國工作人員從本質上來看無權插手任何事務。顯然，就目前來看，俄國在包括哈爾濱在內的這片土地上的管轄權已十分微弱。

說到碼頭區，那裡差不多成了塔塔爾人的地盤。這裡的建築宏偉，主街道兩邊塔塔爾人的商鋪林立。這裡是所有哈爾濱人眼中的商業區，中國的富商大賈雲集，

---

① 奧斯曼土耳其文為（بجين）。後文不再注釋。
② 此處應指道台府，亦稱哈爾濱關道。

而且俄國卓琳（جورين）公司也在此開店營業。不過塔塔爾人才是這片土地真正的主人，因此，塔塔爾人在這裡得到尊重則為天經地義的事情。

塔塔爾人在此建了清真寺和學校，並且聘請了相當優秀的伊瑪目和教師。這也說明他們對自己的宗教事務並未疏忽。當俄國人涉足遠東地區的時候，塔塔爾人便緊隨其後，俄國人到哪裡，塔塔爾人就跟到哪裡。塔塔爾人在哪裡，帳篷就紮在哪裡。

中俄戰爭之後，俄國人統治了這裡，並在滿洲里的所有區域內建立了他們的基地，甚至鐵路兩邊至遠東的亞瑟港（بورت أرثور）①也變成了俄國的殖民地。從那時起，哈爾濱成了俄國的城市。不過這事在日俄戰爭之後有所變化，整個滿洲里地區不再屬於俄國，甚至俄國人在哈爾濱的統治地位也即將消失。

哈爾濱與府道台之間隔著一條河，這兩座城市由一座橋連接，儘管如此，你會發現俄國糖的價格在哈爾濱是 18 戈比（قابيك）②，在府道台是 12 戈比，有時會跌到 10 戈比。（168）如果一個人想買十芬塔提（فونتات）③糖，那麼去府道台，路費花去 40 戈比，他還能省下 40 戈比。俄國商人確實遭受了慘重的打擊。而日本商人與俄國商人的處境恰好相反，日本人占領了亞瑟港，滿洲里到處都充斥著日本商品。

日本人除了軍事方面的勝利外，在經濟上也戰勝了俄國人。今天的哈爾濱則正式成為中國的一個城市，俄國人撤離的日子必將到來。中國人已視哈爾濱為他們自己的城市。

我在哈爾濱逗留期間結識了侯賽因‧阿凡提‧額什夫（حسين أفندى اغيشيف），他是一位二十五歲的年輕人，周遊了整個歐洲國家。他的弟弟叫紮黑頓拉（زاهد الله），

---

① 即旅順港。
② 一種貨幣單位。
③ 一種計量單位。

長期居住在柏林。這兩個充滿活力的年輕人是天生的商人。一個在地球的東面，另一個則在地球的西面。感贊真主，他們兩人的積極勤奮是穆斯林在異鄉人中值得效仿的典範。他倆都沒上過學，但都熟知俄語，而且紫黑頓拉先生熟知德語，侯賽因先也懂英語。

他倆告訴他們年齡不到四十八歲的父親：「我們每個月給您一千盧比（相當於225 土耳其里拉），您去做做宗教方面的事情也好，或者管理管理學校也行，總之，您不要再操心生意上的事了。」我希望這兩位年輕人的名字能為所有人傳揚，他們兩人對自己的母親也是悉心照料。事實上他倆在哈爾濱有很多競爭對手，我希望他倆不要失去信心。

在哈爾濱期間我與這裡的穆斯林之間的聯繫並沒有中斷，我發現他們身上有很多錯誤，我提醒他們遠離那些錯誤。我在喀山發行的《解明真理報》（جريدة بيان الحق）上寫文章談論過那些錯誤，我希望通過這種方式能夠幫到他們。（169）

八、土耳其語的呼圖白與歸信軍官

我去哈爾濱的清真寺做主麻，一到清真寺就發現伊瑪目爾納耶圖拉（عنايت الله）正站在米哈拉布（محراب）前講臥爾茲①。他是一個不到二十四歲且品行高尚的青年，口齒伶俐。他講完臥爾茲後便對大殿裡的眾人說：「我們請我們的貴客阿布杜熱施德先生用土耳其語給我們講主麻的呼圖白，也請他給我們領主麻，這將會成為我們終生難忘的記憶。」眾人回道：「這樣最好。」於是我不得不接受他們的請求登上敏拜爾（منبر）②。當穆安津念邦克時，我的視線落在了最後一排站著的兩人身上，他們中一位穿著軍裝，另一位是商人打扮。我以感贊安拉，願主福安使者之詞開始了我的呼圖白，之後我念了尊貴的《古蘭經》經文「你應憑智

---

① 「主麻」即星期五聚禮，「米哈拉布」即窯殿、壁龕，是清真寺大殿中阿訇領拜時站立的地方。

② 「敏拜爾」意為講臺、講壇。

慧和善言而勸人遵循主道」，並用土耳其語解釋了該節經文的意思。隨之我還講了一些合乎主麻內容的建議和勸誡。我注意到站在最後排的軍官和他的那位朋友全神貫注地聽著，我甚至看到他們時不時地用手帕擦拭雙眼，好像在哭。主麻結束後，我接著做了一個短暫的演講，在此期間我一直觀察著那兩位朋友，他們兩人在全神貫注地聆聽，如同兩顆釘子一樣站在那裡紋絲不動。

眾人誦讀了幾段贊詞之後就走出了禮拜殿。我和伊瑪目是最後走出禮拜殿的兩個人。當我走出禮拜殿時，那位軍官向我打招呼，於是我便走過去跟他握了手，我問他：「你覺得這裡的宗教狀況如何？」他答道：「我早已習慣了。」

隨後，爾納耶圖拉告訴我，這個人是個俄國軍官，四十歲了，是個虔誠的歸信者，（170）政府還沒有公開承認他的歸信，他在爭取得到政府的認可。他是真心實意地、完全自由地歸信伊斯蘭教的，他是軍官，但他準備公開宣布自己的信仰。

如果他公開宣稱自己對伊斯蘭教的信仰，有可能會被逐出軍隊，面臨失去生計的危險。在像俄國這樣的國家，不畏艱險，以如此堅決的態度歸信伊斯蘭教，犧牲是巨大的。同時，堅守安拉的正道要經歷各種苦難，面臨各種犧牲。就拿眼前這個人來說，他是一位俄國軍官，顯然沒人強迫他入教，因此，我們要想想他為何會歸信？或許他受夠了俄國的制度壓迫，我不得而知，但他做好了犧牲一切的準備，這還真讓人有些吃驚。

九、禮貌的中國員工

有一次，我去了哈爾濱的郵電總局，到了之後我發現郵局出奇的整潔有序，工作人員正忙著處理來來往往的各種郵件，以及外匯轉匯業務。郵局裡一共有六個工作人員：一個英國人，五個中國人。而那幾個中國員工都留著長長的辮子，穿著他們的官服。他們在處理俄語、英語和法語信件，其中有一個人專門收取信件並負責諮詢事宜。

我走到那個人跟前問他：

「我想給俄國那邊發幾份郵件，信的地址用哪種語言寫呢？」

這位中國員工非常禮貌地說道：「你準備去哪裡呢？」

—— 如果可能的話，我希望可以周遊貴國。

—— 是嗎，那你不擔心安全嗎？（171）

—— 難道會有什麼危險嗎？

—— 也許有吧，不過歐洲人很是擔心自己的安危。

—— 我跟他們不一樣。

—— 郵局每個城市都有，你的位址想用哪種語言寫都行。

—— 土耳其語也可以嗎？

—— 如果你想寄到土耳其的話，當然可以，不過你得在信封上備註相應的英語或法語。

—— 信當天就能發出去嗎？

—— 大城市是可以的，鄉村的話，情況就不一樣了，不過他們也會儘快安排的。

—— 大城市有電報局嗎？

—— 中心城市有，再過幾年郵局和電報局就該普及了，即便是偏遠的鄉村也會有的。

—— 可以發中文電報嗎？

—— 只要是用英文字母拼寫的都可以，我們有時也會收發簡單的中文電報，不過總是會有錯誤的。

在這一點上我想我還是能跟這位郵局工作人員交流的。最後我說：「明白了，非常感謝你對我的耐心解答。」

他起身送我到郵局門口，然後與我辭別。這樣的接待竟會出現在「野蠻」的中國人的郵局裡！這就是我們稱為紅鬍子①的野蠻行為！同樣是在哈爾濱，我去過俄國郵局。那裡有差不多四十名工作人員，而工作人員的態度是：「辦理什麼業務？（172）貼郵票，帽子摘掉！」以及其它一些更侮辱性的行為。還有比這更具侮辱性的嗎？他們折騰了我六次，一張郵票還要了我三戈比。

如果一個人公正地去觀察的話，那麼就會在「野蠻」的中國人的行為和文明的俄國人的行為之間進行比較！一個人對中國人的認識會在他觀察了中國人的行為之後被顛覆的，他可能不得不說中國人的這種行為真是人類的典範。可是到底是什麼東西蒙蔽了世人的雙眼，以至於他們一看到中國人的長辮和衣著就會馬上做出野蠻人的論斷呢，中國人的行為無論人性化程度多高都是野蠻的，而身著歐裝的俄國人，無論其行為有多野蠻，他們仍是世人眼中的文明人。

十、中國人的覺醒與民族意識

我在哈爾濱閒逛的那段時間，但凡碰上會講俄語之人，我就趕緊上前去跟他搭訕。一旦搭訕成功，我就會跟他多聊幾句。有一天，我走進一家用漢語寫著王寬（واك ـ كوان）的中國店鋪，跟店主之間進行了一次簡短的對話，我問他：「你覺得中國人對自己的現狀滿意嗎？」

——　你認為被壓迫的人會覺得滿意嗎？如果是的話，那麼我們確實很滿意。儘管被壓迫的日子還沒結束，但我們已經覺醒了。

——　中日之戰，中國的損失大嗎？

---

① 紅鬍子，指當時東北一帶的土匪。

—— 損失很大，不過收穫更多。如果不計人力方面的損失，精神上的收穫大於物質上的損失，如果加上日俄戰爭的話，那麼我們在精神和物質上的收穫可以說是成倍的。

我們確實損失了幾十萬勇士，但我們最終於危亡之際拯救了國家。儘管我們遭受了慘痛的損失，（173）但這些損失將永存在我們心中，激勵我們去報仇雪恨，我們在阿穆爾河（أمور）的遭遇，我們的子孫將會世代銘記。它會流淌在我們後輩人的血液裡。

—— 阿穆爾河的什麼損失？

—— 俄國人在布拉戈維申斯克（بلاغوبشجنسكى）對我們中國人極為侮辱，他們將我們的很多男同胞淹死在阿穆爾河裡了。

—— 到底是怎麼回事？

—— 跟你們曾幹的那些事一樣，你會知道的，歷史是不會抹去那些痕跡的。

—— 我們是穆斯林，我們也是受壓迫的人。

—— 你們是不是受壓迫的人我不知道，但在兩次戰爭中我們看到你們就在那些侵略者的隊伍裡。我們很多非常珍貴的地方都被你們侵占了，當故宮被搶掠的時候，塔塔爾人就在搶掠者當中。就算你們跟俄國人之間有什麼賬債，那也是你們的事，但在我們看來當初在場的人都是搶掠者。

十一、中國和日本

我不得不換個話題，因為他說的這些我確實難以反駁。

—— 你覺得日本人怎麼樣？

—— 日本人是個新興的民族，他們中有很多勇士。他們已經開始朝著文明邁步了，如果他們再打贏一場戰爭，也許就可以在文明世界裡能找到一席之地。但是他們的經濟方面比較薄弱。

—— 那你覺得中國人和日本人有聯合的可能嗎？

—— 日本和中國不可能聯合，我們中國人不習慣被奴役，每個中國人都會為國家而戰至生命的最後一刻。（174）

毫無疑問日本人將會竭盡全力保護自己的既得利益，但我們仍可以說日本可能會跟中國人之間締結一個共同抗歐的防禦聯盟，如果真是那樣的話，那麼他們就會捍衛自己國家的榮耀，這一點很重要。

至於我們中國人，如果歐洲人不要侵略我們，不要干涉我們的事務，給我們十五年的時間，那麼我們就能夠實現自主。和平時期，我們最需要的就是增加收入。同時，我們想要一個機會，一個自己可以製造並使用現代武器的機會。真的，這樣的機會有一次就夠了。

十二、中國人對歐洲的仇恨感

我問他：

—— 難道你們就找不到這樣的一個時機嗎？

—— 歐洲政客總是找各種蠱惑人心的藉口，不給我們這樣的機會，他們做的最明顯的一件事就是派了一個基督教傳教士，那個人死了之後，他們就開動戰艦向我們進攻了。

—— 基督教在中國的傳播達到一種什麼樣的程度了？

—— 你會發現，絕不會有中國人自願加入基督教，中國人很瞭解基督教，很多人加入基督教是為了避免基督徒的迫害。

—— 歐洲還是有很多睿智的學者，他們中很多人都是人道主義的踐行者，特別是二十世紀的人道主義思想就是他們這些學者推動的。

—— 歐洲人一邊談論著人道主義，一邊幹著駭人聽聞的事。事實上歐洲人跟人道主義之間沒有關係。當俄國人將那些無辜的中國人溺死在阿穆爾河裡

的時候，河裡的屍體都堆成了橋，沒有一個歐洲人在意俄國的行為。俄國人連襁褓中的孩子都扔進了阿穆爾河，而這一切就發生在歐洲人的眼皮子底下。他們中有人站出來以人道主義的名義說過一個字嗎？（175）歐洲的報紙對如此駭人聽聞的暴行有過哪怕是一行字的報導嗎？但是，假如有一個歐洲傳教士受到了傷害，歐洲人會以人道主義的名義將整個世界掀個底朝天。

阿穆爾河上中國人的屍首接連三天堆成了橋，而歐洲人卻將屍體打撈上岸作為自己的捕撈成果。他們將屍體拉到岸邊搜身，期待著從那些死屍身上找到些值錢的東西。而且搜刮完之後將那些搜查過的屍體又扔進了河裡。我們呼籲歐洲人要公道，而你們卻假借人道主義的名義繼續橫行，難道不是嗎？

我沒有再繼續追問他，因為他說的已經很多了，於是我便起身與他道別。王寬非常客氣地說：「我說的有點多，請多包涵。」他送我到門口並拉著我的手與我握手道別。

談話的過程中，我發現他俄語說的比我還流利，表達自如，沒有一點磕絆。

這證明中國人具有很強的接受能力。俄國的塔塔爾人八百年前就已被俄國人所征服，即便如此，塔塔爾人對俄語的掌握還是很有限。而中國人，在此次受創後，他們中很多人開始學會用俄語書寫和交流了。而且還有很多中國商人與俄國某些有名的商會進行貿易往來，在滿洲里，到處都有他們經手的俄國貿易。

中國人不僅有著各種職業天賦，還是能工巧匠和財富的積累者。你會發現中國人的身影穿梭於各行各業，他們以經商和積累財富而享有盛名。中國人不管多麼富裕，都只喜歡穿自己的國服，而且以此為榮。中國人是一個極為寡言的民族，他們尤其看重那長長的、耷拉著的像尾巴一樣的辮子，甚至視若聖物。（176）

十三、死刑

在中國，死刑可謂人人皆知。因此，殺人犯一經確定罪行就會被判處死刑。法官也會對一些普通的罪犯判處死刑。有些大法官也會枉殺無辜。死刑在法官眼裡並

不是什麼大事，但是，如果某個人被判剪去辮子，對於被判之人而言無異於滅頂之災，因為對受刑之人而言辮子是神聖的。我在哈爾濱的時候提到過一些人，他們即便是被判處死刑，我也未發現死刑的判罰會引起什麼大的社會反響，然而我在北京時，發現當有人被剪去辮子的時候，各大報紙紛紛登刊報導。同時，人們對剪辮之事的議論也會持續好幾個星期。

他們會一刀砍掉三個人的頭顱。當一刀下去屍首分離時，圍觀的人群便會爆發出歡呼之聲，同時那些自認為是好人的人就會歡呼吶喊：「殺了他們！殺了他們！」

死刑在中國人看來是合法的，所有人都服從這一刑法。死刑的執行，除了法庭和一些大官員之外，蒙古的女巫也有判人生死的權利。

十四、府道台穆斯林的狀況

我在前面提及府道台是哈爾濱的一部分，由中國人負責管理。府道台有一個很小的穆斯林聚居區，裡面的穆斯林都是中國人，他們與齊齊哈爾的穆斯林沒有本質上的區別，一樣的無知和落後。但是，這裡的阿訇在學識上與齊齊哈爾的阿訇並不一樣。這位阿訇的中文名叫王鴻賓（وان خون بن）[①]，阿文名字叫努熱・穆罕默德（نور محمد）。（177）他具有一定的阿拉伯語交流能力，不過說的不是標準的阿拉伯語，但總的來說就日常交流而言夠用了。

努熱・穆罕默德先生認為中國穆斯林的覺醒有賴於他們與俄國境內穆斯林之間的聯繫。事實上，中國的歐萊瑪中有這種認識的人很少。我與努熱・穆罕默德先生

---

① 　王鴻賓（1872-1943 年），字子光，山東東昌府人。早年就讀於北京牛街清真寺，師從王六阿訇，掛幛後歷任瀋陽、綏化、海倫、呼蘭等地伊瑪目，因其經學知識宏富而享有「關東王」之譽。清末任教呼蘭縣清真寺時，曾收 8 名海里凡開經講學。1900-1902 年曾在哈爾濱道外清真寺做第二任教長，晚年留城清真寺任教長。王鴻賓之子王紹賓（字蔭棠）先後在海倫、依蘭清真寺任職。四子王紹堂也是阿訇，曾在瀋陽掛幛任職。參閱王紹發：《阿城回族史話》，甘肅民族出版社，2017 年，第 275 頁。王靜齋〈北平老阿訇王四阿訇軼事〉一文中提及「最近東北名阿訇王子光（鴻賓）自阿什河往海倫履新，道經哈埠，下榻于哈濱道外東寺。」載《伊光》第 48 期，1932 年 4 月。

互留了地址，以便相互寫信聯繫，維繫我們之間的關係，我們一定會保持聯繫的。我瞭解到府道台的穆斯林都是一些窮人，富人幾乎沒有。儘管如此，他們還是建了一座清真寺和一所學堂，學堂裡的學生與前面提到的齊齊哈爾那個學堂裡的學生一樣，都是二十歲的男子。他們學習伊斯蘭教義學、語法和詞法，但不會說阿拉伯語。如果有人看到他們的這種狀況，是會絕望的。無知似乎是中國北方地區的代名詞，而東北和滿洲里更甚，這裡的人已經到了一種無法感知自己無知的程度了。從無知的睡夢中喚醒他們，並且找到一個能夠喚醒他們的人，是穆斯林學者們義不容辭的責任。尤其是伊斯蘭國家的穆斯林學者及伊斯蘭教的長老們，要加緊幫助他們，否則他們的後果將會非常糟糕。據說這裡的穆斯林人口有六百萬之多，然而這麼龐大的一個群體中卻找不出一個懂教門知識的人。這些人是今後兩世的薄福之人，如果他們同外部伊斯蘭世界失去聯繫，將很容易成為基督教傳教士的獵物。關於這一點，我會結合後面我在中國內陸地區的觀察接著詳談，因此，此處不再贅述。

十五、邂逅著名探險家拉德洛夫①

在哈爾濱逗留期間，我遇見了俄國著名旅行家拉德洛夫（و.ف.لاطيغين）。拉德洛夫於 1899 年就開始了自己的探險之旅，（178）與他同行的還有來自俄國地理協會的三十四名成員。他的探險之旅包括中國新疆全疆和西藏（التيبت）的部分地區。新疆和西藏的探險之旅花了他整整三年時間，最終於 1902 年宣告結束。拉德洛夫頗有名氣，掌握漢語和突厥語兩門語言。與他相遇是我莫大的榮幸，而與他交談，我也受益頗多。

拉德洛夫非常熱情地接待了我，我們之間的談話進行的非常愉快。他還給我贈送了一些自己隨身攜帶的書籍，同時給我講了很多有關他的旅行之事。此外，他還

① 拉德洛夫（1837-1918），全名為弗里德里希·威廉·拉德洛夫（Friedrich Wilhelm Radloff），生於德國，1958 年前往俄國，成為俄國突厥學的領銜學者，對南西伯利亞和中亞突厥諸民族的人種志、民俗學、文化、古代抄本、語言學等方面的研究有重要貢獻。

給我展示了自己繪製的中國地圖，並根據地圖給我講解了一些旅行路線。我們兩人之間聊了很多，他給我講了他對中國的整體思考。

他說：「在我畫的這些路線上遇到危險的概率有百分之九十，因此，不管你去哪裡，都會遇到很大的危險。要知道，你是穆斯林，所以遇到危險的概率更高，因為中國內地的基督教傳教士不會歡迎你的，他們甚至會派人來殺你。特別是當你進入南方的一些地區時，你會發現四川及其周邊地區的天主教徒蠻橫無理，如果他們知道你是穆斯林，那麼毫無疑問，將會竭盡全力對你橫加阻攔。」

我說：「我從不畏懼這類假設，穆斯林堅信『成敗全賴真主的撥配』，這也是我無論走到哪裡都秉持的真理。」

他說：「如果你這樣認為，那麼，我希望你不要碰上倒楣事。不過，我還是建議你帶上一把槍，如果路途平安，你就把它贈給某個有身分的中國人，畢竟槍還是一個不錯的禮物。」

拉德洛夫對我很客氣，給我贈送了一本他自己寫的遊記。我跟他一直聊到晚上九點，我告訴他我要去我的朋友侯賽因‧額什夫家，他對我說：「哈爾濱沒有西藏那麼安全，你走路要多加小心。」（179）

從拉德洛夫那裡出來時天色已經很晚了，街道上的燈籠也已全熄了。我走了大概一百五十米的時候，突然，前面跳出一個人衝我喊道：

—— 別動，不然我就開槍了。

—— 你要幹什麼？我只是個趕路人。

—— 我知道，抱歉，你叫什麼名字？我想我可能是嚇到你了。

—— 我是某某某。

—— 啊哈，你好嗎？真是太巧了。

我被他的話嚇到了，由於無法看清臉，於是我便問他：「你是誰？」

他說：「我是提庫林（تيكولين），我之前跟你一起從滿洲里坐車到齊齊哈爾。嚇到你了，還望您多多包涵。」

我說：「沒關係，這種事不會嚇到我的。」

這個可憐的傢伙，鬼鬼祟祟地出來，差點真嚇到我了。

十六、逛中國商鋪

有一天我在哈爾濱大街上閒逛的時候走進了一家中國商店，商店臨街的門上用俄語和英語兩種語言寫著「蘇和盛」（سور - حو - شين），商店裡外看上去非常整潔。我進去後發現整個商店裡沒有幾個人，一位看上去很紳士的留著辮子的青年懶洋洋地躺在沙發上看報紙，他的臉完全被報紙遮擋著，而其他人都捧著帳本忙著算帳。我向那位看報的青年走去，當他發現我走近時趕緊從沙發上站了起來，指著旁邊的一張椅子，非常禮貌地用俄語說到：「請坐。」

我看了一眼他讀的報紙，那是一張由曼徹斯特（مانشستر）發行的名為《股票證券所》的報紙，他的桌子上還有漢語和俄語報紙。我們相互介紹後，我跟他探討了很多問題，此外還圍繞著票據存根的重要性聊了很多。（180）我向他詢問商業票據所使用的主要語言有哪些。他說：

　　── 是漢語，不過跟外國商人打交道時我們有專門的英語票據。

　　── 你的這種票據在其它商店都是認可的嗎？

　　── 這種票據用於處理跟外國商人之間的貿易往來，而且票據全部內容都是英文的，至於那些沒有外貿業務的商店，只用漢語票據就可以了。

　　── 與外國人有外貿業務的中國商人多嗎？

　　── 大商人通常都會跟外國商人之間有業務往來。

—— 有專門做外貿生意的中國公司嗎？有沒有大資本家？

—— 哈爾濱沒有大資本家，但是有資產達到五十萬、一百萬、兩百萬的公司。天津、上海和廣東有很多大資本家，而且還有很多船運公司。但是，中國人的大宗買賣業務快要守不住了。不過會有那麼一天，我們將同外國人開展大量的貿易業務，而且中國人將會在歐洲的各個首都爭得有利的商業地段，到那時歐洲人和中國人將會進行殘酷的商業競爭。

—— 冒昧地問一下，能說一下你的名字嗎？

—— 王強堂（واك ـ تياك ـ تاك）。

—— 王強堂先生，所有的競爭都是為了生活。那些發達的、先進的國家已經在中國人及其他落後民族中開拓了市場，旨在銷售他們的產品和技術，而那些尚未獲得技術的民族是不可能去跟那些發達國家競爭並占有一席之地的。

—— 近代以來，中國人沒有到過歐洲國家，但是去歐洲的思想準備卻是眾所周知的。在建設國家的道路上，政府已經採取了很多措施。可是，中國人已經習慣了保持現狀，（181）因此也就等待著命運的擺佈。中國人甚至都不服從他們非常尊崇的博格達汗（بوغديخان）[1]。就在昨天，中國女皇（الامبراطورة الصينيين）下令讓他們剪掉辮子，沒有一個人執行命令，而且他們還說不需要外國的文明和文化。中國人在經歷了最近的一次戰爭後，承受了終身難忘的巨大打擊，至此才開始明白了歐洲人的文明是什麼。我們對歐洲人的態度將會完全不同以往。我們已經意識到了科技的重要性，而且也親眼見證了它的利害，從現在起，我們將全力以赴去獲得科學技術和知識。我們會取其精華，去其糟粕，將他們的道德墮落留給他們自己。如果他們置身於這種道德墮落之中，那麼他們的未來就是我們的現在。此外，我們有經濟和資源，假使我們獲得了科學技術，我們會有很多發展機會。我們需要時間進行內部調整，待調整好了，我們不僅要和他們競爭，而且還會向他們進行復仇的。

---

[1] 指皇帝。

—— 我不認為中國人有這種能力，無論我在哪裡見到中國人，發現他們都是為別人服務的。俄國人眼中最低賤的活中國人卻在做，俄國人甚至稱他們為「伊發」（Ifān）、「絲堵爾」（Sidur）①及其它一些俄語稱謂，這可能會讓他們失去自己的民族性。

—— 中國人不會放棄奮鬥，奮鬥和希望是每個中國人成功的前提。當然，我同意你說的那些為俄國人服務的中國人是麻木的、無知的，不過，這些人的日子比我們好過。現在的俄國人不再像之前那樣欺負中國人了，日俄戰爭之前，俄國人覺得就算是中國的百萬富翁也不過是他們的僕人而已。這樣說吧，整個哈爾濱沒有一個漢人（الصينيون）②圍著俄國人轉，而圍著俄國人轉的都是滿人，真正的漢人都在中國內地的天津和上海地區。（182）

—— 中國人是一個軟弱的民族，懼怕外國人，畏懼他們的殘暴。我感到非常奇怪，為何會如此懼怕他們呢？

—— 不是中國民眾怕他們，是中國官府怕他們。原因是歐洲那些大使很久之前（在他們控制中國官府的那段時期）就一直在恫嚇政府說，假如有一個傳教士被抓破了皮，我們將會讓抓人者付出血的代價，因此官府給民眾施加了非常大的壓力，以免給歐洲人留下任何把柄。那段時間，沒有人去瞭解誰是基督徒，而基督徒卻以各種方式侮辱、欺壓中國人，他們的目的就是要挑起事端。如果中國人對他們的侮辱試著做出反擊的話，哪怕是微不足道的反擊，他們的戰艦就會很快對準我們，並威脅說要發動戰爭，藉口是我們侮辱了他們的公民。那段時間裡，沒有哪個國家會支援我們中國人。很多情況並不是基督徒所說的那樣，一些外國軍官還剪了好多中國人的辮子，有時會連他們的人頭一起剪掉，中國官府也不會過問他們為什麼要那樣做。甚至有位外國軍官（他告訴了我那位軍官的名字）在哈爾濱的街道上砍了一個中國人的頭，當時被割頭者的一個同伴上前質問那位軍官為什麼要這樣做？那位軍官笑著答道「我想試試我的刀」，可見歐洲人有多麼殘暴。就這樣，他們還

---

① 即奴隸。

② （الصينيون），意為中國人，但作者在正文中有時指漢人，有時指所有中國人，翻譯時根據語境酌情使用。

謊稱說我們野蠻，並對我們發動了戰爭以示懲罰。類似的情況至今仍然存在，但是不會太久的。

—— 現在真的還存在這樣的情況嗎？

—— 可以說那種情況延續至日俄戰爭結束，至於現在，中國人已不再像之前那樣愚蠢地忍受了。

跟王強堂進行了大概半小時的談話後，我翻看了一下他的帳單，從中瞭解到了很多信息。看了一會兒，我便跟他道別了。

我在哈爾濱逗留了兩個星期後決定去符拉迪沃斯托克（فلاديفوستوك）[1]。我計畫在一月七日那天出發，而且已經向哈爾濱地方政府申請了過境簽證。（183）政府工作人員也受理了我的簽證申請，但由於俄國工作人員的疏忽，讓我無端又多滯留了兩天等待領取簽證。

我滯留的那幾天正好是中國的新年，也是俄國人的新年伊始。因此，我在同一時間置身於兩個節日之中。當時的節日非常壯觀！俄國人在節日前一個星期就開始酩酊大醉了，泥濘裡一些醉漢東倒西歪地躺著。而中國人則忙著放煙花，日夜鳴槍。在我推遲出發的兩天裡，我有幸觀看了所有的慶祝活動。

十七、中國的東方鐵路

中國東方鐵路自滿洲里至符拉迪沃斯托克。讓人感到有些困惑和吃驚的是，鐵路沿線經停的每個月臺都擠滿了工作人員，而且每個經停站都圍著某個村莊而建，村民則是鐵路沿線的工作人員。如果說這些村民中還有外國人的話，那就是塔塔爾人或者猶太人了。他們在這裡開店鋪做生意，這種情況在其它一些城市也存在。鐵

---

[1] 即海參崴。

路工人是村民的主要組成部分，比如說哈爾濱城，居民大概有七萬多，其中三分之二是鐵路工人，剩下的三分之一就是商人了。商人從這些鐵路工人身上賺錢。

　　哈爾濱的俄國人名義上只保留管理鐵路工人的權利，因此，在這裡找不到一個獲得城市身分的俄國工作人員。（184）這裡的管理機構和警察署協助管理鐵路工作，所以，鐵路工人必要時可能會成為主管或警長，也有可能會在某些情況下成為領導。實際上，俄國人使用這些工人的目的不止一個。

　　正常情況下一個人就可以勝任的工作，在這裡事實上是很多人在做。俄國人的真正目的不是讓他們成為鐵路工人，而是讓他們占住滿洲里。這條鐵路，俄國人是為了從中國獲利而修建的，俄國人運作鐵路以便左右中國政府。所以，從這一點來講，俄國在中國東方鐵路每年損失一千二百萬盧布。

十八、從哈爾濱到符拉迪沃斯托克

　　伊曆 1327 年一月初一我離開了哈爾濱。所有的親朋好友都來為我送行，一直送到車站。當時天色已是黃昏，這將是我最後一次乘坐俄國列車了。

　　我非常清楚這輛列車所經過區域的每個站都有塔塔爾人。塔塔爾人的分布極為廣泛，他們四處經商。當火車從哈爾濱車站啟動的時候，差不多是午夜時分了，一個塔塔爾人著裝的年輕人走進了我坐的那節車廂，我對面坐著一位女士，他走過來坐在那位女士的旁邊，我不知道那位俄國女士是否和那個塔塔爾人認識，總之，我是先睡了。

　　大約晨禮時間，我感到那個塔塔爾青年和那位女士之間的談話非常嚴肅，於是我立刻又假裝睡著了。（185）儘管我假裝熟睡，但他倆還是壓低了聲音。當時我聽到那位塔塔爾青年因自己的誤解對那位女士表達歉意，他倆之間的友誼確實需要認真思考。我找了個機會向他倆做了自我介紹，那個年輕人馬上站起來和我握手，並說道：

　　—— 我下一站下車，跟你相比我就是個小學生，這位女士會給你解釋我是誰，以及我為什麼會來這裡。

　　—— 這位女士要去哪裡？

　　—— 去符拉迪沃斯托克，她給我發了電報，我從兩百公里遠的地方趕來就是為了見個面，並接受指令。

　　我感到非常驚奇，我從未想到還有這樣的年輕人，竟如此服從命令。我接著問道：「跟你一起還有其他人嗎？」

　　他說：「人數不多了，我們的青年骨幹都被抓了，未經審訊就直接送到尼爾基斯奇（نيرجينسكى）戰場去了。」

　　車到站後，他下了車，車廂裡乘客擠得水泄不通，根本說不上話，我當時特別想多瞭解一點那個年輕人的情況。

　　那位女士對我說：「等到了符拉迪沃斯托克我送你去旅店，順便再告訴你這位年輕的朋友到底是誰。」

　　她葫蘆裡賣的是什麼藥，我們還有二十四小時的路要趕呢，不過也只能等著了。那位女士看上去很嚴肅、很端莊，她的外表似乎表明她身分高貴，受過良好教育。我們就這樣一直待到天黑，她對我表示了極高的尊敬。晚上，她和衣而睡，我仔細觀察著她，發現她所有的行為都很得體，真是個值得尊敬的女士。

　　十一月十一日清晨，一名女列車員喊醒了我，說符拉迪沃斯托克快到了。我起來開始收拾自己的行李。那位俄國女士對我說：「下車後你會發現有很多朝鮮腳夫，有人會給你拎行李，並且帶你去旅店，你沒必要叫車。如果你叫車就得花四十戈比，（186）而且車夫還會多要一點，而這些朝鮮腳夫，不管你給多少他們都會欣然接受的。再說了，旅店也不遠，我到時指給你看。我住在我哥家裡，到時我們可以一起走。」

十九、符拉迪沃斯托克

　　火車一進符拉迪沃斯托克車站，我第一眼看到的便是朝鮮腳夫，每個人背上都背著一個架子，看上去非常友善。他們小心翼翼地向我靠近，我將行李交到一位腳夫手裡，他將我的行李放進自己背上的架子裡，我們便一起離開了車站。走出車站大門，映入眼簾的是一片高地，上面是一道道的腳印，這應該是乘客在前，腳夫們在後跟著踏出來的一道痕跡明顯的小路。這塊高地大概有十二英尺高，而那些印痕看上去如階梯一樣。爬上高地後，眼前便是一塊平地，不過一片狼藉！這應該是那些腳夫和酒徒的方便之地。離這塊平地二十米遠的地方便是主街口，街口旁邊是一家叫額蘭德烏特立（غراند أوتل）的旅店，它是符拉迪沃斯托克最好的旅店。那片平地是進站的必經之地，也是來此地的每個人出站的必經之地。假若這片污穢之地出現在某個伊斯蘭國家，基督徒估計每天都會進行報導，並且將原因歸咎於伊斯蘭教。由於此城屬於基督教世界的一部分，並且由俄國管控，因此，沒有人對此進行報導，也沒有人在意。

　　我住的是格爾姆斯科（قريمسكي）旅店，距離那塊平地五十米遠。我現置身於符拉迪沃斯托克，這裡是遠東的門戶地區，遼闊的俄國土地的盡頭，（187）大西伯利亞鐵路的起點和核心，世界上最美的，也是最大的戰略港灣之一，是俄國抵禦外敵的唯一防地。

　　無論從政治角度還是商業角度看，這裡毫無疑問在遠東地區具有非常重要的地位。當然我們也可以側重說一說這個城市的其它細節之處，但可以肯定的是，每個人在向別人傳達訊息的時候，傳達的都是他認為最重要的訊息。

二十、符拉迪沃斯托克的朝鮮人

　　符拉迪沃斯托克的朝鮮人很多，也許只有真主知道這裡有多少朝鮮人。作為人類社會的一分子，這些人應當享有自己的權力，但事不隨人願，那些文明人寧可同情一條狗，也不同情自己的同類！就算你扯開了嗓子喊，也沒人會搭理你，如果你

願意，那麼你就保持沉默吧，因為沒有人會同情你！因為「不批評他人是文明的要求。」

　　符拉迪沃斯托克車站的朝鮮搬運工的人數，也許自他們出現在這裡以來就是一個難以掌握的數字。如果我說他們的數量有乘客的三倍之多，一點也不誇張，因為我在出站的時候發現還沒攬到貨的人比扛著貨的人多出一倍多。有些乘客的行李需要好幾個人搬運，一個搬運工是無法搬運的。

　　每家酒店的門前至少並排站著五個朝鮮人，大多數酒店門前的朝鮮人人數在8到10人之間，不允許他們靠近酒店門口。（188）你會發現這些可憐的朝鮮人站在那裡，眼睛一刻也沒有離開過酒店門口，他們的背上是搬運貨物的架子，期待著能夠從酒店出來某位好心人讓他們幫忙搬行李，從而得到點施捨。如果有人給，那麼十到二十巴熱（بارة）①是最多的了。聽說有些人搬了很重的行李，最終還是沒有得到一分錢。在符拉迪沃斯托克的商鋪或商店門前，你能看到的幾乎全是幹苦力的朝鮮人，他們等著買了貨物的客商能夠雇傭他們搬運貨物，以便能掙上幾個零錢。

　　這些朝鮮人長期處於饑腸轆轆之中，無論何時，當你走出酒店門口給他們一塊餅時，往往衝到跟前搶餅的人數不少於十個。很多歐洲人視這些給他們搬運行李的朝鮮人如驢子一般，假如某個朝鮮人將歐洲人的行李從符拉迪沃斯托克的東頭搬到西頭而得到幾巴熱的賞錢時，就會欣喜若狂，甚至都不敢相信手中的那幾個錢真的屬於自己。有一個朝鮮人幫我把行李從車站搬到酒店，我給了他十個戈比（50巴熱），那個可憐的傢伙幾乎不敢相信自己的眼睛，他看了看我的臉，又看了看我手中的錢，眼裡浸滿了喜悅。這些人不會講俄語，因此也就沒法在搬貨時討價還價，他們能搬多少東西取決於雇主的心情，能得到多少酬勞也取決於雇主的良心。

　　如果把符拉迪沃斯托克的朝鮮人寫成一本書，那將能寫上好幾百頁，而讀者閱讀之時也會淚沾衣襟。我對朝鮮人的遭遇深表同情，說心裡話，只要活著，我就無

---

① 一種貨幣單位。

法忘記他們。有一天，我碰到一位略懂俄語的朝鮮人，我向他問了一些關於他們生活狀況的事情：

—— 這裡為什麼會有這麼多的搬運工呢？

他抹了一把眼淚，說道：

—— 這世上還有比我們這個民族更不幸的民族嗎？我們除了做苦力還能做什麼呢？一個不保衛自己國家的民族，命運理應如此。我們自己將國家拱手讓給了外國人，自己選擇了如此低賤的生活。希望那些葬送國家的人不得善終。

—— 你的家人現在在哪裡？你有住的地方嗎？（189）

—— 我的家人分散在這個城市裡，我的家就在這裡，我們屬於這個城市。

—— 你做搬運工能掙多少錢？一天最多能掙多少？

—— 有時候 5-10 戈比（25-50 巴熱），有時候一分錢也掙不到，20-30 戈比的收入幾乎沒有過，除非遇上個從外地來的貴客。

—— 難道朝鮮人中就沒有幾個富商嗎？

—— 如果你去我們國家或許能找到幾個富商，但在這裡一個也沒有，也不會有。我們不懂外語，也就沒法通過勞動致富。一些懂外語的人遭受了很多不幸，他們也沒法通過工作賺到更多的錢。

—— 這麼說，在你的國家生活比這裡好多了？

—— 那裡的情況更糟糕，餓死人是常有的事。另外，基督徒控制著那裡，他們盡其所能讓你成為基督徒，如果你拒絕，他們就會禁止你飲酒，直到你同意成為基督徒。事實上，如果你同意了，他們還會有其它的限制等著你。（這個可憐的人，一副哭笑不得的樣子。）

—— 你們國家改信基督教的人多嗎？

—— 大多數窮人都改信了，因為他們別無選擇。很多人為了喝酒而成為了基督徒。他們（基督徒）允許我們晚上喝酒，白天又禁止我們喝酒。他們在你的眼前晃悠著酒瓶，說道：「跟我信教，我就給你酒喝。」窮人能有什麼辦法？只能跟著他們信教了。他們的辦法多著呢。

—— 如果你們無法避免這種情況，那麼你們應當將孩子送去上學，以免他們落入你們現在的處境之中。

—— 我不知道我們是否還有出路可尋。一些有氣節的人被禁言、禁行，他們大多已餓死在自己的家裡了。

他的話深深觸動了我，我跟他一起去了在他看來是屬於他們的聚居區。那是一個在符拉迪沃斯托克城外由泥土堆砌而成的多個棚屋組成的村落，（190）每個棚屋裡面住著七八個，甚至十個人，沒有窗戶，棚頂只有一個小孔，棚屋中間燃燒著用作照明的火團，煙順著棚頂的小孔散出。

（據說如果在這樣的屋子裡待上幾個小時便會窒息而亡）然而，朝鮮人就生活在這樣的屋子裡。我走訪了好幾個這樣的屋子，在其中一個屋子我問他們：「這裡的警察知道你們住在這裡嗎？」

一個老者開口說道：「生活在天堂裡的人會去體會地獄的滋味嗎？」

當一個人看到這些人被剝奪了權利，生活在重重欺壓之中時，就會明白人類對自己同類的壓迫有多麼殘酷，同那些呼籲宣導人道主義並組建了動物保護協會，以及其它機構進行對比，我沒有發現任何一個機構在實施人道主義。巴黎街頭有叼著長長的黑色菸捲的逃荒難民，倫敦街頭有裹著大斗篷衣不遮體的窮人。人們對自己的同類沒有一絲絲憐憫，卻呼籲要愛護狗以及其它動物。

我給家人郵寄了很多我在符拉迪沃斯托克拍的朝鮮搬運工及他們的住所的照片，但俄國郵局的工作人員沒有將照片送到我家人的手中，他們也沒有為此承擔任何責任。對於讀者朋友們，我深表歉意，因為我沒法向你們展示那些圖片。那些照片本來是要展示給這個所謂的文明世界的。

二十一、符拉迪沃斯托克城的位置及其狀況

　　符拉迪沃斯托克是一個非常有名的大城市,其宏偉的建築和氣派的商鋪散落於高山、港灣及城堡之間。我到達這裡的時候恰逢冬季,冰雪覆蓋了每一個角落,大能的真主讓連綿的群山呈現給了世間一道獨特的風景。（191）我遍訪了整座城市,從東到西,由南至北。這個城市的部分主街道整潔有序,不過也有一些山間小徑顯得有些雜亂。一些主街道上的大型商鋪的門牌上寫著一長串漢字,有些是用漢語寫的,有些是用俄語寫的。例如「同龍泰」（توك- لوك- تای）、「張宏同盛泰」（جزاك- حوك- توك- شيك- تای）、「同盛隆」（توك- شيك-لوك）等等。也有掛著日文牌子的日本商鋪,大多數牌子上寫著法語和英語,少數幾個牌子上寫有俄語。符拉迪沃斯托克城幾乎成了一個國際性的展覽會。此外,這座城市的街道上以及來來往往的人群中也不乏朝鮮人,他們總是背著一個長長的木架,這種景象在其他地方見不到。而那些頭纏紅巾的印度教徒們通常站在商鋪門口,這一切都會給人無盡的遐想。符拉迪沃斯托克從經貿活動方面會給人一種暗示:這裡是中國。假如去某個整潔有序的大商場、銀行,或者小商店,你會發現那裡面的中國人都留著長長的辮子。不過我發現一些異常艱辛的工作是朝鮮人在做。

　　我在符拉迪沃斯托克的那段日子正好趕上中國人過年,大街小巷全是身著綢衣,吊著長辮子,戴著五顏六色耳套的中國人。我會在中國人那一章詳細描述他們的習俗文化,所以此處不再贅述。

　　符拉迪沃斯托克有一所俄國人開設的東方語言大學。儘管命名為大學,但實際上規模還不如一所小學。而設立這個學校的目的就是為了教授漢語、日語和蒙古語,（192）從這所學校畢業的學生對漢語字母和文字有所瞭解,但對漢語語言本身的意思卻不知道。

也許細心的讀者會想，我既不懂漢語，也不懂日語，是如何知道他們不懂漢語的呢？我的確不懂，但是我在東京①的時候碰到過兩個學生，他們就是從這所學校畢業的。我跟其中的一位一起住了兩個多星期。我們一起逛街時，他有時會幫我翻譯。不過在一些較為簡單的事情上我自己可以溝通。但我發現他在處理自己的事務時所用的溝通方式跟我一樣。

還有一位學漢語的學生已經是最後一學年了，他想給我讀我收到的一封信，其實那封信的內容我是知道的，他嘗試了很久，也沒能讀出我的名字，因此，他怎麼會明白信的內容呢？

儘管如此，東方語言大學還在，但東方語語言教學並沒有得到學校的重視。斯布庫夫（سيبوكوف）是這所大學裡懂漢語和蒙古語兩種語言的老師。

斯布庫夫先生是波拉特的名人，去過西藏，精通漢語，自學了俄語並且可以用俄語寫作，當然也會有一些錯誤，他在這裡得到了一個大學老師的頭銜，不過這不是因為他的能力，而是因為他的基督徒身分。卡塔努夫（كاتانوف）是喀山教授東方語語言的大學老師，但他的俄語水準著實很差，不過，除了米諾斯語和波拉特語外，他不懂其它東方語言，但他在努力學習阿拉伯語和波斯語及土耳其語。（193）

二十二、符拉迪沃斯托克的日本領館

由於我旅行的目的地是日本，因此我去了日本領館，以便瞭解一下去往日本的交通信息，以及船開拔的時間。走進領館時，我發現所有人都在忙工作的事。一個年輕人起身問我：

—— 你有什麼事嗎？

我走近他，然後說道：

_____

① 日本東京。

—— 我想去日本，想知道船什麼時候開，我需要去哪個碼頭坐船。

—— 今天有一班去往敦賀（سوريغة）①的船，一個小時後開，是俄國船，一週兩班，週一和週四各一班。

—— 我想在函館港「HAKODATE」（هاكوداتى）或新瀉港「NIGATE」（نيغاتى）②下船，你能給我說詳細點嗎？

—— 我現在很忙，抽不開身，沒有時間給你細講，下午有時間的話麻煩你過來一趟，我給你說一下詳細情況，或者你給我一個地址，我下午去找你。冬季沒有去往函館港北部的船，因為那裡的冬天冰雪覆蓋，船隻無法開動。

我給他留了地址就離開了。出來後，我徑直去了博物館。博物館很小，裡面沒有什麼值得參觀的東西。隨後，我去了閱覽室，在那裡我待了近一個小時。

大約六點鐘的時候，我回到了旅館，剛喝了幾口茶，旅館服務員告訴我有兩個人找我，我對他說：「讓他們進來吧」。隨後，兩個東方人面孔的年輕人來到了我的房間。我們相互打過招呼後，他們兩個做了自我介紹，說他倆是日本領館的工作人員。寒暄過後他倆說：「去日本的船是非常舒適的，不會讓你感到疲憊的。」

說話的時候，我給他倆倒了杯茶。另一個年輕人說：

—— 你計畫去日本的那天沒有日本船，（194）對此，我們深表歉意。不過，俄國庫克里里（كوكلى）號船也是很不錯的。我們還沒聽過有穆斯林旅行家要去日本，我想原因可能是日本沒有穆斯林，但我希望日本以後也能有穆斯林。你懂英語嗎？

—— 很遺憾，我不懂。

---

① （سوريغة）音同日語 Tsuruga，即敦賀港。

② （نيغاتي）音同日語 Niigata，即新瀉港，此處 NIGATE 可能出現拼寫錯誤。

—— 英語在我們國家是很常用的，幾乎每個人都能講上幾句英語。不過，你肯定會講阿拉伯語。

—— 是的。

—— 那好，我給你寫個便條，我有個朋友在敘利亞學過阿拉伯語。

東方性、東方文化使我們就這樣毫不費力的成了朋友。大概過了半個小時，他倆說：「我們還有事，先走了。有需要的話，我們再來找你。」

我們相互道別後，他倆便離開了。他倆的謙虛和客氣，以及說話時的親善語氣給我留下了深刻的印象，他倆與人相處的方式如同對待交往多年的老友。道別時我們熱情擁抱、握手，臨走時他倆說：「很高興為你服務。」

二十三、中國的茶館和劇場

夜晚時分，我在主街上閒逛，純屬打發時間。街道兩面有很多茶館和劇院，其實我不想去茶館，但是又別無選擇，只好進了一家中國茶館，想著以茶解悶。我在裡面待了大概半小時左右，聽到幾個俄國人說：「走，咱們去中國戲院吧。」聽他們這麼一說，我也有了想去的念頭，想去看看那裡到底有什麼新鮮事。（195）

出了茶館，我叫了一輛車直奔中國戲院。到了劇場，我發現那是一個建在漂滿垃圾的湖面上的戲院，我原以為它應該會是個很不錯的值得打發時間的地方。進去之後，裡面濃煙滾滾，蒜味充斥，酒氣熏天，還散發著一股黴味兒，沒超過十分鐘我就出來了。事實上，我還是沒有明白這是個什麼戲院，不過裡面人們的舉止言行表明他們曾經在這裡表演過某個歷史劇，只是我尚未明白罷了。離開戲院，我便回到了下榻的旅店。我覺得看看書勝過白白浪費時間。拉德洛夫送給我的那些遊記是我最喜歡讀的書。

二十四、偶遇獄友

第二天我像往常一樣去閱覽室看報，我發現有一個人盯著我看。我掃了他兩眼，發現我並不認識他，所以也就沒跟他打招呼。半小時後他向我走來，跟我打招呼：

—— 打擾了，如果我沒看錯的話，我們應該見過。

—— 我不記得，我想你應該是認錯人了。

—— 不，我沒認錯，我只是記不起你的名字了，我記得別人都叫你熱施德，你的長相我還是記得的。

—— 我們真的見過？

—— 我們在奧德薩（أوديسا）監獄見過。我就在你隔壁，我們是在小王子生日的時候被赦免的。當時一夜之間數百人得到了赦免，而你卻未得到赦免，我去跟你道了別。

—— 當時在奧德薩監獄，我右邊住著一個不到十七歲的少女，左邊是一個羅馬尼亞的學生，但是現在記不起來了。（196）

—— 我就是那個羅馬尼亞學生。半小時前，見到你的第一眼我就在心裡想這個人我認識。

—— 真的是太意外了，祖先們常說「山不可相逢，而人卻可常遇」。不過，到現在為止，我還是沒能想起你那時到底是什麼樣子。當初你還是個少年，變化太大了，我都記不起你的名字了。你現在做什麼工作？在哪兒住？

—— 我在一家英國輪船公司做事，是機械師。我已經取得了英國國籍，扔掉了俄國的枷鎖，也遠離了俄國的管制，現在就一心想著掙錢。在遠東能見到你真的是個意外，也很驚喜，好多事我都記得，只是現在沒時間跟你聊了，因為船馬上就開了。

說話間，只見一位男士向他走來，跟他說了幾句話，然後他倆就跟我道別離開了。我也從閱覽室出來，去了東方語言大學。我腦海裡浮現出了很多事，你們說兩

個人會在什麼地方相見呢？我在奧德薩監獄度過的每一天都像夢一樣，就這樣回想著不覺間已到了大學。我要去見那位大旅行家斯布庫夫，但是沒找到他，結果碰到了烏木布‧加布（غومبو-جاب），他是漢語老師，跟他交談了幾句，他提議我們出去娛樂一下，我欣然接受了他的提議，然後我們便出了校門，他帶我去了一家中國賭場。

二十五、中國賭場和餐館

據說中國有一種叫拉套（لاك-تو）的賭博，中國人一般都會在節日的時候玩。這有點像奧斯堪比利（اسكنبيل）紙牌遊戲，不過中國人在玩的時候使用的是木製品。賭場裡面擠滿了賭徒，有六個人在玩，（197）其他人都是下賭注的，押注者和賭客共同承擔輸贏結果。當然，我雖然對這種賭博一無所知，但我從眾多賭徒的玩耍中推測這種賭博應該很刺激。如果賭博非常刺激，那麼貧窮將會是他們的結局。

烏木布‧加布說：「不能以歐洲人的想法和標準去評價中國人，這種賭博對於賭徒來說有著統一的規則。賭徒是嚴格遵循賭規的，其中第一條就是賭徒不能是醉酒者，禁止醉酒之人賭博，假如有人和醉酒者進行賭博，並且贏了後者的錢，那麼按照賭規，其他參與者必須將所贏之錢如數歸還，而且還要承擔一定的罰金。當然，還有其它一些俄羅斯人也熟知的賭博，但諸如此類的賭博只有在節日的時候才被允許。當然，還有其他不會輸錢太多的常見的小賭博。中國人對於賭博有自己的理解。」

中國人並不是執迷不悟者，但鴉片之事除外。中國人真正的危險源頭是鴉片。（等我對其有所瞭解之後再細說）

從賭場出來，我和烏木布‧加布去了一家中國大餐廳。他給我講述了一些中國餐廳的事，說中國人事事節儉，對待飲食也非常注重衛生。雖然中國人給人一種髒亂的感覺，但在食物方面的確非常注重衛生。烏木布‧加布為了向我證明此事，專門帶我去了這家中國餐廳的廚房，裡面的確非常整潔。在這家餐廳只需三

十五戈比就能吃到多種美味的食物。要知道，在俄國餐廳，五十戈比還吃不飽呢。
（198）

二十六、中國人的前途

我和烏木布‧加布逛了一會兒，他便跟我談論起中國人的前途，他說：「當今世界，紛爭時起，但是戰爭不會太久。戰爭衝突一旦轉變為經濟競爭，那麼毫無疑問中國人將會勝過其它民族，因為中國人非常節儉。我敢斷定，中國人的前途比其它任何一個民族的前途都光明。」

二十七、亞美尼亞人的民族自衛

同烏木布‧加布道別後，我直接回了旅館。在旅館休息了一會兒，我有點想喝茶，於是，我向旅店服務人員要了一杯茶。服務員給我送茶的時候我發現他手裡拿著一份報紙，他把茶遞給我，並對我說：

——　你能看懂這個報嗎？

——　這是什麼報？

——　亞美尼亞語報。

——　你是亞美尼亞人？

——　是的，不過我是在這裡出生的，並且一直在這裡生活，所以，亞美尼亞語我是看不懂的。

——　那麼，你是從哪裡得到這份報紙的呢？它是哪裡出版的？

——　是我自己訂的，不過我看不懂，出版社在高加索。

——　既然你看不懂亞美尼亞語，那你為什麼還要訂閱呢？你訂閱有什麼意義呢？

—— 我想為我們這個民族盡一份力。（199）

我想這樣的民族定會變得強大，我們這個民族能讀會寫，然而人們卻認為訂閱報紙是一種愚蠢的行為。

我認識亞美尼亞語字母，但不會讀，不過我還是接過了報紙。我發現上面有一些用俄語寫的報導，於是我便仔細看起了報紙。不管怎樣，這個亞美尼亞人對我能讀報感到非常高興。

符拉迪沃斯托克住著很多日本人，他們全是技術人員和工人，他們中也沒有大資本家。在這片土地上，我不會涉及太多關於日本人或中國人的細節，因此，此處只能提到為止。

十一月十五日這一天，就算是乘坐俄國庫克里里公司的船，我也決定離開符拉迪沃斯托克。因為我暈船，所以我已備好了乘船所需的所有東西。我埋頭遐想時，日本領館的一名工作人員來找我了，他的名字叫林田（هیاشیته），他像一位老朋友一樣熱情友好，邊進門邊跟我說：「熱施德先生，我來幫你拿行李了。」

我也對他表示了感謝：「在這兒的這段時間，我過得很愉快。不過，明天我就要離開俄國了。」

他給我列了很多地方的名字，並告訴我：「如果你能去這些地方，將會有很大的收穫。」正在我們說話時，旅店工作人員給我拿來了一份電報。這是一份從哈巴羅夫斯克（خاباروفسك）發來的電報，上面寫著：「我們準備來為你送行，十一月十六日，火車站見。」看到這份電報，我不得不推遲出行日期。我的朋友們從七百公里以外的地方趕來為我送行，我怎能不推遲出行日期呢，我怎能不等他們呢。

林田說道：「很高興，你又能乘我們的船出行了，這真是太好了。」

真是一份美妙而又難得的友誼，我將於十一月十八日搭乘日本公司的船出發。（200）

十一月十六日那天，阿布杜嘎迪爾・克里姆夫（عبد القادر كريموف）和他的兩個兒子阿布頓拉・費熱額祖夫（عبد الله فيرغازوف）及費克圖熱・布卡里維奇（فيكتور بكاريويچ）到了，他們住在符拉迪沃斯托克最大的酒店，我們一起度過了非常美好的兩天時光，兩天裡我與很多人建立了友誼。

在這兩天裡，我有幸見到了斯布庫夫教授。據他說，最近有很多外國旅行家會經西藏去攀登珠穆朗瑪峰，然而他們對於佛教聖地拉薩古城卻一無所知，那裡的古建築可以追溯到一千六百年前，優美的古建築令一些現代藝術家們如癡如醉。斯布庫夫自認為是一名佛教徒，他手上有很多拉薩的寺廟照片。此外，還有很多其它的照片。（差不多有兩百張）

與斯布科夫相遇的故事就講到這裡，他所講的這些信息也是我曾想去瞭解的，不過能從他這裡聽到，也算是完成了一樁心願。我們萍水相逢又匆匆道別，甚是開心。

二十八、離開符拉迪沃斯托克

1909 年十一月十七日，我將搭乘日本武山丸（بوزان مارو）渡輪離開俄國。我經常遠離家鄉，各處旅行，然而，這次離別，不知為何感到些許的不捨。像我這樣的老人，不消說已經過了貪生怕死的年紀。我前往遙遠的非穆斯林地區，期待著遇見穆斯林。不懂語言，沒有盤纏，對那裡也一無所知，然而，這就是我的使命。我有時想，如果不巧我在那裡歸真了該怎麼辦呢。（201）這些事，還是留給我的親人和朋友考慮吧。奇怪的是，每當我這樣想的時候，總會感到一種莫名的欣慰。時下這般年紀，我也目睹了一些故交的經歷：有一位朋友在朝覲期間去世了，他是西伯利亞最慷慨的人士之一，曾為自己的民族事業出資幾十萬，而且去世的時候嘴裡還在念叨著「我的同胞啊！我的同胞啊！」我曾欣慰地注視著他離去。在離開符拉迪沃斯托克的那天，我也以堅定的目光注視著前來為我送行的人們。這一天，前來為我送行的納賽爾丁・哈吉・額尼巴依・哈斯諾夫（نصرالدين حاجى غنى باى حسينوف）給了我很多盤纏，哈比布拉・阿格布拉夫（حبيب الله آقبولاف）、哲瑪魯丁・阿富汗

尼（جمال الدين الأفغاني）和哈桑‧侯賽因‧圖維拉尼（حسن حسين الطويراني）及其他人等都給了我很多幫助，我深受鼓舞。另外，還有一些我叫不上名字的大人物，我們親如一家。當我在船上向他們揮手道別時，內心充滿了安寧和欣慰。

這天早上十一點的時候，我登上了船。十分鐘後，我的朋友林田來找我，並給我們安排了一間上好的包間。我們當中有我來這個城市後認識的朋友，也有一些來自哈巴羅夫斯克的朋友。我們在休息廳待了大約半個鐘頭，就聽到廣播裡通知船要開動了：「請其他閒雜人員離船，船要開動了。」送行的人下船後，船就啟動了。

從乘客上船到船開動總共用了半個小時，這裡沒有員警盤問「你叫什麼名字？要去哪裡？簽證拿出來。」乘船時沒有遇到任何麻煩，讓我有點意外。記得我經奧德薩港去伊斯坦布爾的時候，儘管拿著護照，也遭受了不少刁難。土耳其領館官員查看簽證，海關處查看行李，員警盤問，船臨開前還有檢察人員進行最後的檢查。（202）假如有人曾有過這樣的經歷，那麼對於眼下的待遇定會讚不絕口。

船在即將離港前，一名員警向船這邊走來，他把一份乘客名單遞給了一名尚未離開梯子的船員。十二點整的時候，武山丸號船駛離了碼頭。船上所有的人站在甲板上向送行的人揮手告別。沒有哭泣聲，沒有握手，也沒有人揮舞手絹。乘客中有日本的名流家室，送別的人群中有落落大方的女士，儘管如此，但他們都微笑著，保持著端莊。

武山丸距離碼頭越來越遠了，乘客們注視著遠處的海平面，水面上覆蓋著冰塊，海面上的船隻如同在冰面上一般緩慢前行，這使得這座城市凸顯出一幅異樣的畫面。山間宏偉的建築被皚皚白雪包裹著，山頂上敞口的堡壘如一條臥在山間的巨龍，那矗立著的用來提供防禦信息的無線電電杆，是建築師和技術人員的傑作，還有那軍號聲……這一切都使人心生畏懼，也似乎在反復言說著：只有和平才會帶來安寧。不得不說，這些都是文明的成果，但也能在分秒間塗炭數十萬生靈。

武山丸繼續破冰前行，三個小時後，船開始進入了開闊水域。下午四點整，我們聽到外面響起了汽笛聲，於是眾人都走出船艙觀望。我們看到一艘小船向我

們駛來，船上過來一名男子。我問他：「發生什麼事了？」他告訴我碼頭的所有
工作人員在船離開碼頭時要來送行，在船到來時也要來迎接。（203）

當船離開碼頭時，船員們將船艙關得很嚴實，對船體進行了清洗。清洗工作結
束後，船員們便離開了。大約過了半個鐘頭，或許是一個鐘頭，他們又一個接一個
地回來了，而且手裡或拿著報紙，或拿著書籍，離開甲板徑直走向閱覽室。乘客不
算太多，坐得起包間的乘客更少，他們中有俄國人、英國人、塔塔爾人、日本人、
格魯吉亞人、愛沙尼亞人及其它國家的人。

大約四點鐘的時候，我們經過了庫頁島（أصكولت），也到了乘客們吃飯的時間
了。就餐之前船長來了，他向大家做了自我介紹，並說會竭盡全力為大家服務。隨
後，乘客們都入席就餐。這時，乘客中有位日本人站了起來，用俄語向大家問好，
並說如果有需要的話，他可以給大家做翻譯。後來我們獲知，這位日本人除了俄語
之外還懂英語。這是我們在船上的第一頓餐。

當時我和一個俄國人對自己的孤陋寡聞表示慚愧，我們兩個不懂外語。這個俄
國人對我能說幾句日語很是羨慕，他以為我會說日語，事實上，那幾句日語我是從
書上學到的，用來應付簡單的交流。我晝夜都埋頭於譯作之中，不斷學習新詞彙。

二十九、照片

我在符拉迪沃斯托克拍了很多好看的照片，我想，如果俄國郵局看到這些照片
後沒收了怎麼辦？我每到一個地方都會拍些照片寄給喀山的家人。可是，我不能走
到哪裡都帶著照片。俄國郵局偷走了我的很多照片，特別是我在符拉迪沃斯托克碼
頭拍的所有照片，（204）包括一些進出碼頭的船隻和我收集的一些票據，所有這些
都在郵寄的過程中不翼而飛了。

三十、輪船還是閱覽室？

　　武山丸以每小時十二海里的速度前行，船上似乎沒有船員和乘客之分，他們都穿著得體，每個人都埋頭閱讀。輪船成了閱覽室。船上到處都坐著人，他們或看書，或讀報，只有一些前往美國的俄國工人躺在床上呼呼大睡，因為他們都不識字。日本人利用所有的閒置時間閱讀，就連廚師和送餐的服務員也在閱讀。過了一會兒，船長走過來詢問乘客狀況，並說有需要幫助的人就去找他。

　　船以這種速度在海上航行了四十個小時。要說人文關懷，我想沒有比這艘船上的待遇更好的了。（205）

下　部

三十一、阿圖期

阿圖期（آنتوکی）是個臨時圍建的村莊，整潔有序，道路齊整，月臺整潔，儼然一副小城景象，不過三年前這裡還是一片空地。

我們住店的地方分為兩個區，一邊接待日本旅客，一邊接待歐洲旅客，這兩個區相當乾淨整齊。在我們的那些城市裡很難找到這樣乾淨整潔的旅店。

阿圖期的居民中中國人是最多的，但各種管理機構都掌握在日本人的手裡，不過這裡的中國人中有很多有名的商人，他們有自己的商店，也有一些人是政府工作人員，他們極力捍衛自己的權益，沒有將所有權益交給日本人。中國人看上去總是充滿活力。

從今天起我算是踏上了中國這片土地，日本人認為阿圖期屬於滿洲里。要知道在日俄戰爭爆發之前這裡屬於俄國的轄地。

從阿圖期到謀克敦（موقدن）[1]我還需走兩天的路程。這條鐵路也是一條臨時線路，因此路道狹窄，車速大概是每小時 8-12 公里。（552）

7 月 24 日，我們搭上了西伯利亞條件最差的專門運輸牲口的列車，從阿圖期出發至戶京，然後經戶京去往謀克敦。坐在車上，尤其是晚上簡直就是受罪。這條鐵路本是戰爭期間臨時修建的，他們現在在修建新的主幹道，不過這條條件很差的鐵路還會服務一兩年時間，直到新的鐵路建成。沒有什麼辦法，只能坐它了。

從這條鐵路可以看出，日本人總是從最簡單的事情入手，然後根據具體情況加以拓展，因此他們的很多事情都是按照這種思路實施的，他們開鑿隧道，在山頂開路，以便能夠將他們的部隊運往滿洲里。

---

[1]　即瀋陽。1634 年，皇太極改瀋陽為盛京，滿文發音為謀克敦，英文轉寫為 Mukden。

我朋友跟我說：「我在這裡能感受到生活的氣息，這種氣息在朝鮮是沒有的」。我想了想對他說：「我認為恐怕是那些可憐的日本人將自己無法忍受的怨氣撒在了朝鮮人身上。」

—— 你說的對，日本人的主意多著呢。你看這裡大多數乘客都是中國人，日本人竟幹欺負朝鮮人的事，要不是受他們欺負，本是一個先進民族的朝鮮怎麼會變得這麼落後呢。

—— 這個我不確定。

—— 肯定是，要不是他們，情況也不會是現在這個樣子。

事情總是很奇怪，我的這位朋友在我們離開阿圖期後便變得有些不一樣了，談話不再那麼謹慎了。這真是讓人感到奇怪，這裡的生活狀況看起來的確有些不一樣，人們更加活躍一些，生活狀況也有所不同。聽朋友說：「日俄戰爭期間，日本人一直打到了這裡。當時日軍很多，裝備精良，（553）他們跨過鴨綠江後並沒有停下，而是一路直奔謀克敦。對於日軍的攻勢，俄軍無力抵抗，那可是我們親眼見過的。日本人跨過鴨綠江後，俄軍並沒有抵抗。當時的俄軍只顧撤退，因此，日軍占領了俄軍的所有據點，朝鮮人和中國人是親歷者。

而且，日本人跨過鴨綠江的時候，風向也變了，暴風雪對俄軍造成了很大阻礙。那次戰爭日本人註定是要贏的，謀克敦的所有俄國人幾乎都成了日軍的俘虜，就連庫羅派特金將軍也差點成了俘虜。因為是逆風，暴風雪如子彈一般打在俄軍臉上，就算日軍趴在他們腳下他們也看不清楚。而日軍占盡了天時地利，風向於他們而言是順風，因此，他們不僅將俄軍盡收眼底，而且以最快的速度沖向俄軍。你們也許不信，但我們可是親眼見過的，看的真真切切。當時，天氣對俄軍很不利。那段時間，風向每天變幻不定。」

這真是件怪事，朝鮮人中一些有思想的人是這樣看待這件事的。這位朋友在講述的時候盡力尋找一些其它方面的信息來驗證自己的看法。離開阿圖期，乘客都是

中國人，但工作人員都是日本人。日本工作人員看待中國人總是一副不屑的樣子，他們想將所有中國人都掌控在自己手裡。中國人對日本人的心思也非常瞭解，他們表面裝作很順從，但在心裡認為日本人就是他們的死敵。（554）

有一次我對一個朝鮮朋友說：「你看這些中國人，他們很消沉。日本人都是政府工作人員，中國人則是一些工匠商販。看一看周圍，就會發現中國人和朝鮮人之間也有著很大的區別。我們走過了整個朝鮮，但在所經車站沒有見到過賣雞蛋和牛奶的朝鮮人。你看這裡，所有叫賣吃喝的都是中國人。瞧瞧，雞蛋、牛奶、肉餅，幾乎所有的東西都有賣。這就是他們之間的區別。」

一個尋求生存的民族總會找到相應的生計方式。不過朝鮮人當中似乎沒有這樣的跡象。當我說完這些話的時候，那位朝鮮朋友哭了。

那天晚上我們到達了膠口（جاوکو）①站。

車站附近的工作人員全是日本人，但居民全是中國人，不過他們中有沒有穆斯林卻很難看出來，因為他們的穿著都是一樣的。一樣的辮子，一樣的指甲。但我想其中一定有穆斯林。

我瞭解到這個車站晚上不發車，所以我不得不在這裡過夜，於是我就找了一家店住下了。店主是日本人，但服務人員都是穆斯林。我做昏禮的時候他們都看著我。當我做完禮拜坐下來吃飯的時候，他們中一個人走過來跟我打招呼，道了賽倆目。於是我用日語問他這個地方是否有穆斯林，他說：「車站附近沒有，周邊的村莊有很多穆斯林。」

第二天我們就出發了，直到謀克敦才停下。沒人聽過謀克敦這個名字。（555）

---

① 地名待考。

三十二、謀克敦

我現在到了滿洲里，又一次踏上了中國的這片土地。這座城市歐洲人叫謀克敦，日本人、朝鮮人和滿洲里人叫戶京（هوتين），而中國人叫瀋陽（شی- یاك）。

到達謀克敦的那天是星期五，我將行李寄放在一家旅館後便直奔城裡，想著是否能找個穆斯林居住區做主麻，因為主麻時間快到了。

從車站可坐電車進城。當電車進城後，我問車上的工作人員：「（快！快！回回有沒有）（كوكو حوی حوی یومیو），這裡有穆斯林禮拜的地方嗎？」他說：「有。」

我四處尋找禮拜點，中國人稱清真寺為「禮拜寺」。我問當地人禮拜寺在哪兒，他們給我指了方向，我順著他們指的方向快步走去。當我到那裡時禮拜已經開始了。

在這之前，我對中國的清真寺是有所瞭解的。因為在齊齊哈爾的時候，我就發現清真寺裡做小淨的水一直都是熱的，而且裡面還設有專門用以洗大小淨的地方，除了熱水還置有香皂。我洗了大淨後便去做主麻了。不過，呼圖白講的很不好。起初我以為是用漢語在講，我一句也沒聽懂，後來我仔細一聽，才發現是用阿拉伯語講的。呼圖白之後，我們便開始入拜了。法提哈我只聽懂了「眾世界的主」和「只求你祐助」兩個詞。中國穆斯林通常有禮拜時專門戴的帽子，禮拜的時候他們就將辮子盤進帽子裡。纏頭巾只有歐萊瑪和滿拉戴。（556）

纏頭巾和這種專用的帽子，他們都只在禮拜的時候戴，禮拜結束後，走出清真寺，他們都會換上「國帽」。因此，這種情況下很難將他們與非穆斯林區分開來。

清真寺從裡面看確實是清真寺，有拜毯和牌匾，但從外形上找不到清真寺的任何標識，因此很難從外形上對清真寺和中國人的寺廟進行辨別，特別是牆體上飛禽走獸之類的雕刻，更是讓人難以區分。但對於無知之人又能說些什麼呢？

他們的禮拜遵行屬於哈乃斐派，與我們沒有區別。但他們的誦讀聽了讓人失望。

主麻後他們發現還有我這樣一個「外人」。很多人便圍過來問我：「滿克（منكه）？」他們的意思是，我是不是從麥加來的。我說：「不是。」然後他們都一副很意外的表情，隨之便邀我去他們的學堂，因為阿訇在學堂裡面。他們中一個人問我：「你會說阿拉伯語嗎？」後來我才知道阿訇的阿拉伯語水準跟他們差不多。到學堂後，他們給我端來了茶。阿訇的阿語水準就交流而言足夠了。當他們知道我不是阿拉伯人，也不是麥加來的，對我更加熱情了。給我端茶遞飯，找住處，在學堂裡面為我收拾了一間屋子讓我住，我一直住到離開謀克敦為止。

我將行李從日本旅館搬到了這裡。現在，我成了這所學堂的客人。在這裡，我遇到了一位哈志，他做我們的翻譯。他去過希賈茲（الحجاز），在麥加待了一年。他的名字叫穆罕默德・哲瑪魯丁（محمد جمال الدين），阿拉伯語講的很不錯。（557）

我對滿洲里的穆斯林的狀況已經有了一定的瞭解。哈志先生是個非常有洞見的人，他對中國穆斯林的生活狀況深感憂慮。那天我們聊到了凌晨三點，他談了很多關於中國穆斯林的情況，有時邊說邊哭。他說：

「自穆聖（願主福安之）時伊斯蘭教就傳入了中國（關於這件事所有中國穆斯林都確信無疑），撒阿的・本・艾比・宛嘎斯（سعد بن أبى وقاص，願真主喜悅他）是把伊斯蘭帶到中國來的人。後來，穆斯林逐漸陷入了無知之中，以至於變成了現在我們所看到的這種狀況。整個中國（新疆、甘肅、陝西除外）的伊斯蘭名存實亡了，穆斯林已接納了所有非穆斯林的習俗。現在的中國穆斯林和非穆斯林之間已經無法進行辨別了。我們確已成了遠離伊斯蘭教的人了。我們也不知道我們會成為什麼樣子。你知道嗎，整個滿洲里就我一個哈志。不僅是朝覲，就連禮拜也都成了歐萊瑪的事了，普通人都不知道伊斯蘭的基礎知識了。

女人不洗大淨，不戴頭巾。唯一跟伊斯蘭有關的就剩下門上寫著的『清真言』的牌子了。當然，清真言在心裡面也是有的，但貧困與無知更多一些。到處都是基督徒，每每想到這些，我深感不安。沒人知道到底怎麼回事，也沒人能說清楚。假如你指出他們的不對之處，他們便會立刻反駁你跟他們不屬同一個麥茲海布。很多

從麥加來的男子常常欺騙我們，以至於我們將 10-12 歲的姑娘嫁給他們，而他們每天都在娶妻，姑娘們年紀輕輕就失了貞潔，那些無知的人卻以此為好。他們所做的這一切都是打著宗教的名義進行的。（558）假如你瞭解事情的真相，定會痛哭流涕。你看看我們的辮子、指甲，你覺得這與伊斯蘭教相符嗎？當我從希賈茲地區回來時我已剪了辮子和指甲，為此他們差點殺了我。之後，我不得不留了這一撮辮子，留了已經一年了。」當穆罕默德・哲瑪魯丁說這些話的時候，不斷地調整著自己的情緒。最後，他對我說：「你在這裡會待很長時間嗎？」

—— 可能一個星期吧。

—— 那看來他們會給你找個妻子的。你在這裡待一個星期，如果不娶妻是不符合滿洲里派的習俗的。

—— 我別無選擇嗎？

—— 你可以選擇。我只是為他們的這種行為感到羞恥，你必須拒絕，我確信他們會做這事的。

—— 你放心，從明天起，我白天就在謀克敦周邊遊轉，晚上回來睡覺就行。

—— 好！如果你不介意，我就陪你轉轉。

三十三、謀克敦的情況

謀克敦城的穆斯林大約有三千多，城裡有三座清真寺和三所學堂。

到謀克敦的第二天，在穆罕默德・哲瑪魯丁的陪伴下，我遊覽了謀克敦城。城的周邊都是空曠的村落，這裡大多數人都是村民，村民中有不少日本人。

起初我們去的是一些穆斯林村莊，不過那不能算作村莊，泥土堆砌的圍場比比皆是，土坯房屋似廟宇一般，（559）村民的家裡無處待客。每個村莊都有一個看起來像清真寺的院落，旁邊設有學堂，在村裡能聽到喚禮聲。從眼前的狀況來看，可以說這裡還有著伊斯蘭的跡象。這裡的人生活貧困，但對生活充滿熱情。中國人給

人總體的感覺可以說是木訥的，幾乎看不到中國的非穆斯林淋浴，他們不懂衛生。但他們身上仍有很多東西表明中國文明是最古老的文明之一，那便是他們從不食言。與中國人打交道，無需簽訂合同。因為一旦買賣成交，價格議定，那麼之後就算是商品貶值一倍，他們也不會再討價還價。我在謀克敦城郊的時候就碰到過這種事。他們無需見證人或書面手續就能做成買賣。

穆罕默德‧哲瑪魯丁在一個村裡買了一群羊，達成的協議是每隻羊四美元，等羊送到城裡，就結清所有羊錢。一切商定後，羊戶就趕著羊進了城。但是，當羊趕進城的時候，羊的市場價卻出現了大幅下跌，不過這並沒有影響他們之間的協議，穆罕默德‧哲瑪魯丁按照說定的價格如數結清了羊錢。這就是東方文明。

還有一些事，即中國人在買賣中的談價方式非常奇怪，也許是世界上最奇特的方式。一般買賣雙方每人伸出一隻手（如同握手的姿勢），並將各自的一隻袖口拉得很長，然後將手伸進對方被拉得長長的袖口中，在袖口中通過抓捏手指頭的方式確定交易價格，而在此過程中，買賣雙方一句話都不會講，就算是有數百人在場，也不知道交易的最終價格是多少，而且也不知道買賣是否達成。（560）

生意是買賣雙方之間你情我願的事情，沒有誰會反悔。

而那些二十世紀的文明人在經商的過程中總是千方百計從簽訂的合同中榨取錢財。

三十四、農村印象

每經過一個村莊，我都會詢問有關日俄戰爭的事情。總體來說，俄國士官傾向於敷衍了事。從聖彼德堡來的軍官大多都有幾個女性伴其左右，有些軍官身邊有四五個女伴。他們在喝水之前都會先喝一杯香檳，而當時一杯香檳的售價在 50-100 盧布之間，所有貨物的價格差不多都以這個比值在上漲。

謀克敦及其周邊的人對於日俄雙方的官兵都很瞭解。起初是俄國兵，再後來就變成了日本兵。他們對日俄雙方的駐軍各有看法：

俄軍駐紮的時候，生活在周圍的居民有著相當不菲的收入。一個人一天的收入至少是 5 盧布（相當於 60 給熱什[①]，埃及、敍利亞等國貨幣），有時一天能掙到 100 給熱什。如果再帶個牲口，那麼一天就能掙 25 盧布（相當於 800 給熱什），相當於兩天的收入。那時商人做的生意都是大宗貿易，而且那些官兵手裡拿的都是百元大鈔。

俄國人撤軍以後日本人就占領了這個地方，之後便重新規定了貨物價格。貨物買賣、工人工資都得遵守日本政府的規定。每個人的收入都是視工作量的多少而定。（561）

我遇到一位名叫柯熱吉亞（كرجيا）的人（來自吉爾吉斯斯坦，現在也叫吉爾吉亞），他是俄國國籍，在俄國人占領期間來這裡開了一間雜貨鋪。當俄國人開始從謀克敦撤軍之時，因為擔心紅鬍子打劫，他就關門了，等待日本人的到來。當日本人來了以後，在他準備重新開張之前就向日本人做了報備。日本人告訴他，假如他想繼續做生意，就得按照日本的規矩經營，並給了他一張貨物銷售定價單。如果不接受日本人的條款規定，那麼他可以帶著自己的貨物隨俄國人一同離開。最後，柯熱吉亞告訴日本人他選擇離開，於是，日本人給他發了通行函，他便帶著貨物向俄國軍營出發，一路上沒有受到任何阻攔。

在他到達俄國軍營的當天，短短幾個小時內貨物就被搶購一空，他也從中獲得高達數百倍的利潤。

柯熱吉亞憎惡日本人而讚賞俄國人也在情理之中，但是，日俄雙方到底哪一方更得民心呢？

---

① 一種貨幣單位。

在大多數村民看來日本人並不受歡迎，村民怨聲載道。那天，我們在村裡轉了很久，直到晚上才返回謀克敦。

一返回謀克敦，我就迫不及待地向穆罕默德・哲瑪魯丁請教了一些讓我非常困惑的事情，他說：「我的回答怕是難如你意，或者更準確地說，我的答案不能讓你滿意。這裡有一位非常富有的穆斯林，他見多識廣，懂俄語，他能更好地為你釋疑，你們也許會談的很暢快。明天咱們一同去找他。」聽他這麼說，我甚感欣慰。

第二天一大早，我和穆罕默德・哲瑪魯丁就去了他所說的那個人家裡，他很熱情地招待了我們。他的名字叫張錄浩（جی-جاك-لو-ای حاو）[1]。（562）穆罕默德・哲瑪魯丁將我們彼此進行了介紹。我發現他的俄語講得很好，隨之，我們便進入了正題。

此人對日本人一點好感也沒有，而他對日本人無好感的原因卻與其他人有所不同。

他說日本民族勤奮善良，他們戰勝了俄國人，然而他們沒有羞恥感。日本女人夏天的時候赤身裸體，她們甚至不知道什麼是遮蔽羞體。

隨後，他接著說：「日本人都是利己主義者。」

我問他：「利己主義者？我沒太聽明白是什麼意思？」

　　── 日本人愚笨之極，他們比我們更讓人奇怪。日俄戰爭期間，俄軍俘虜了幾個日本兵，但那幾個日本兵並不想做俘虜，所以他們沒有向俄軍屈服。當一隊俄國兵在抓捕一名日本兵時，那名日本兵並沒有繳械投降，而是繼續拼殺。他的拼殺方式有時非常瘋狂，很多俄軍為其所殺。而且，只要一有機會，他就會毫不猶豫地選擇自殺。

———————————————————

[1]　人名待考。

有一次在謀克敦的一家醫院，一位日本傷患被送去治療，結果就在醫生對他進行救治的時候，這名日本傷患竟拿起手術刀殺死了大夫以及一個軍官和兩個工作人員，之後又自殺了。你瞧，他是俘虜、傷患，儘管如此，他仍殺死了四個俄國人。

—— 我並不認為這有什麼錯，相反，這是一種自保。他選擇這種方式戰死，就是為了震懾對手，我認為他做的沒什麼錯。

—— 的確他們還是有一些值得稱讚的地方，比如行賄蔓延俄國，而在日本卻沒有，就算是戰爭期間也沒有。從這一點來看，日本人是廉潔的。（563）工作人員、普通士兵都沒有行賄的惡習。當然，對於這一點我們不能否認。

他們中很多腿部受傷的軍官都放棄了腿傷補貼。他們所有的戰時醫院都是用那些腿部受傷軍官的補貼籌建的。我們跟他們打過交道，發現他們自己不怎麼花錢，而是將所有的錢都花在振興他們民族的事業上了。

—— 每個民族中都有為民請命者，也有損人利己者，因此，我不太贊同你的看法。也許你看到的那些人只是表面上的行為，說不定他們打著其它算盤。俄國人當中確實沒有那種敢去自殺的人，所以，日本人和俄國人之間沒有可比性。俄國人戰鬥憑的是武器，而日本人憑的是謀略和布局。因此，日俄之間的區別是非常明顯的。

—— 我來問你，日本人真的戰勝俄國人了嗎？難道他們之間就沒有什麼秘密協定？

我們都知道日本勝了是不爭的事實。戰勝俄國後，持續進攻了一年。那時，日俄之間的戰爭是持續的。俄軍當時堅守防線，之後全線崩潰，我無法給你講清楚細節。不過，我認識一個俄國商人，他對日俄戰爭非常瞭解，因為他是軍人，參與了日俄戰爭的整個過程。

說著他便開始打電話聯繫。我有的是大把時間，所以也就坐在那裡等著。我問他：「你說的這個俄國人到底是做什麼的？」

　　—— 一個大商人，叫巴圖尤夫（باتويوف），在這裡經營一家銀行，他的其它生意都在天津。他自己有渡輪，人很好相處。我們認識已經有 25 年了，他從俄國過來之後就定居天津了。這裡的銀行是他不久前才開的。他這會兒已經在來的路上了，一會兒你就見到他了。（564）

　　我們正喝著茶，走進來一個胖胖的俄國人，他摘下帽子並向我們道了賽倆目。房主向我們介紹說：「這位是巴圖尤夫，我的好朋友，我們是 25 年的老交情了，他也曾在遠東戰場服役。」

　　我說：「很高興認識你。」說著我便與他握了手，他抓著我的手說：「我知道你，我叔叔認識你，我的老家在聖彼德堡，我們也算是老鄉了。」

　　我們的初次見面是很愉快的。寒暄過後，我們便接著前面的話題繼續聊了起來。巴圖尤夫深吸了一口氣，然後說道：

　　—— 關於這個話題，具體細節我恐怕說不了多少，今天我的時間安排比較緊，只能談一兩個問題。我妻子今天從聖彼德堡回來，待會兒我要去車站接她。現在我就我們俄國人的一些偏執談談自己的看法。我們俄國人很自負，為國家而戰既需要軍事實力，也需要謀略，單憑軍事力量是不夠的。我們之所以戰敗，是太過於依賴軍事力量了。

　　說實話，日本人無論大人還是小孩，他們在為國家而戰的時候意志堅定，耐心十足。在過去 14 個月的日俄戰爭中，我發現日本戰俘不到一千人，而我們俄國人被俘人數竟達 7 萬 5 千人之多。當然，他們的傷亡比我們多，甚至是我們的兩倍之多。總之，我們沒有抓住時機，但悔之晚矣。庫羅巴特金（قوروباتكين）[1]犯了致命的錯誤。

　　謀克敦之戰的時候，我們損失極為慘重。當時天氣很惡劣，士兵幾乎看不清身邊的環境狀況，庫羅巴特金下令準備撤軍，就在他下令撤軍之際我給他提

---

① 即阿列克謝・尼古拉耶維奇・庫羅派特金，日俄戰爭期間任俄軍遠東陸軍總司令。

了個建議。我當時提建議的目的就是想借機賺筆錢，於是，我跟他做了一個俄國式交易。因為我對這個地方很熟悉，我瞭解這個地方的語言狀況、民族習俗，而且通過紅鬍子我對日俄雙方的軍事情況也有了一定的瞭解。（565）事實上，就當時的狀況來看，也只能撤退了。如果不撤退，就意味著做俘虜，不過日軍方面也是筋疲力盡了。

我當時給庫羅巴特金提出的建議是，俄軍從謀克敦撤退的時候我帶領四萬紅鬍子留守在俄軍撤退的所有地方與日軍決戰，如果失敗，將損失四萬紅鬍子，但若能成功，你們給我 800 萬盧布的酬勞。要知道我手上是四萬全副武裝的紅鬍子。

你們猜猜庫羅巴特金的決定是什麼！他拒絕了我的請求，兩小時後，便開始撤軍了。我當時驚訝地看著周圍的人。

　　張錄浩說：「他說的是事實，我們當時就在一起，而且我準備去招募紅鬍子。」巴圖尤夫接著說：「但是，最後我們的計畫還是沒有實現。假如當時庫羅巴特金採納了我們的建議，那麼，四萬紅鬍子兵是能夠戰勝疲憊不堪的日軍的，而且我們也會得到 800 萬盧布的酬勞。」

　　—— 假如日本人贏了結果會是什麼樣子的呢？

　　—— 四萬紅鬍子兵要血戰到底，這是我們之間的協定。俄國政府沒有拼勁，我們的士兵都已做好了準備，但那又能怎樣呢？兵無良將。那些手握重兵的指揮官沒有投入戰鬥。俄國人已經道德腐化了，一個道德腐化的民族是不可能去戰鬥的。你知道嗎，日俄戰爭結束後政府要對我進行審訊，原因就是我當時提了不該提的建議。要不是我及時打點，將自己列入有戰鬥貢獻者的名單，那麼我早已被施以絞刑了。你看看，這就是俄國。戰爭結束兩年後，日本人對滿洲里所有的城鎮和農村進行了安置，而我們在滿洲里什麼都沒了。（566）說了你也許不信，去年我在這裡準備開銀行時，俄國領館給我出盡了難題，這些難題都是領館工作人員出的。事實上他們的職責就是為國民提供幫助和保護，不是嗎？我當時就對工作人員說：「你憑什麼對我百般刁難？」

> 事後我打發我的妻子去聖彼德堡，我所有的手續都是在那裡辦理的。指望領館給我辦手續，那我就別想著做事了。

> 要想領館工作人員辦事，必須得給他們好處費，他們真是腐敗透了，他們在這裡的工作就是看著錶坐等下班。

說來真是奇怪，這該是一種什麼樣的文明呢！一個商人要集合四萬壯士奔赴疆場，即便全部犧牲亦不足痛惜，就算其親人孩子整日以淚洗面也不以為然。而一旦成功，巴圖尤夫將會有 800 萬盧布的酬金，因為他也是那四萬士兵中的一員。想想人是如何權衡機會與損失的，假如當時庫羅巴特金同意了那個建議，那麼 800 萬盧布自然就進入巴圖尤夫的口袋。

我們聊了一會兒後就起身與主人家告別了。出來後，我們去了學堂，在那裡與滿拉們又聊了一會。下午的時候，我和穆罕默德‧哲瑪魯丁在城裡四處閒逛，我們走遍了城裡的每個地方。謀克敦城其實並不大，四周城牆環繞，很顯然，這是一座古城。

當我們在四處遊逛的時候，發現工作人員和員警都是中國人，而軍隊則是日本人。儘管看起來這裡由中國人管理，但很顯然生殺大權還是在日本人手裡。日本人在這裡設有專門的郵局和商鋪。

毫無疑問，謀克敦總有一天會成為一座大城市，因為它是亞瑟港與北京之間的交通樞紐，而且每個星期發往歐洲的三趟快速列車都經過此地。（567）不過，假如北京──　烏拉格（اورغا）①──　貝加爾湖（بايكال）之間的鐵路完工的話，那麼謀克敦的經濟地位將會受到影響，但其戰略意義仍然存在。

日本人現在盯著謀克敦，試圖將它變成一個軍事要塞。中國人特別憎恨日本人，如果他們有能力，絕不會允許日本人在此地待上一天。但事實總讓人無奈，中國將

---

① 地名存疑，待考。

此地租借給了日本人，期限是 99 年。很顯然，在租期結束之前，日本人是不會離開的。

三十五、亞瑟港之行

在謀克敦待了兩天之後我就動身去了亞瑟港。我在亞瑟港待了兩天，那裡的景象讓人震驚。

現在亞瑟港由日本人掌管，因此對其狀況我無法詳說，因為我沒有通行證，不能四處隨意走動。總之，它跟世界上其它很多港口一樣，只是個過境站而已。可能有人會說俄國人為了得到亞瑟港花了一億一千萬盧布。假如去瞭解一下，為了這筆錢，他們對人民是如何剝削和奴役的，再回頭看看這個地方又如何變成了一片廢墟，那麼我想世人會非常震驚的。為了摧毀這個地方，他們又浪費了多少錢財？又有多少生命成了冤魂呢？假如仔細想一想，我們就會明白那是多麼的慘烈了。我相信，跛子帖木兒（تیمور باطی）、成吉思汗（جنكیز）這些有名的暴君，他們所進行過的戰爭、毀壞過的城市、揮霍掉的財物，跟亞瑟港的破壞相比也微不足道。（568）

亞瑟港繼俄國人之後又遭日本人侵占，但他們並沒有對此進行重建，而是任其荒蕪，如同一座廢棄的博物館。

我對亞瑟港的瞭解並不多，因為逗留於此的時間非常短。對亞瑟港慘烈的占領是慘絕人寰的，只要看上一眼亞瑟港的狀況，就會使人想起山巒巨石、坑窪綿延的景象。

三十六、亞瑟港

亞瑟港，一提到這個名字就會讓人想起很多事情。此外它會讓人想起沙皇俄國的挫敗，在過去的數個世紀裡，沙皇俄國取得了很大發展，同時也將恐怖和仇恨的種子播撒在了很多地方，很多無辜的生命慘死在其刀劍之下，而就在五十年前，一些無辜的生命慘遭了滅頂之災。

同樣，這個名字會讓人想起那些已慘遭不幸且在歷史上名不見經傳的人們。就在這片土地上，曾經恐怖蔓延，這些都是難以抹去的慘痛記憶。

只要親眼目睹過這個地方的景象，就會明白那些二十世紀貼著文明標籤的國家是如何打著文明教化的旗幟，掠走積貧積弱者口中的食糧。也會明白他們如何肆意揮霍他人的活命給養，甚至連一絲生活出路也不留下。更有甚者，他們並未就此甘休，反而將魔爪伸向其他國家，並將戰爭訴諸無辜的生命，然後，又利用遭受創傷的民族的愛國熱情進行戰鬥，致使無數人流血犧牲，並對他們肆意盤剝。（569）

這就是亞瑟港，現在已成了文明暴行的慘痛記憶。這裡的人們曾血流成河，家產盡毀，其損失無法估量。然而，這一切已成了人們心中無法抹去的記憶。我在這裡遇到過一件怪事。亞瑟港周邊一個城堡中有一對夫婦，男人是軍官，夫妻倆負責救治傷患，而這個軍官的太太則向傷病號兜售牛奶。一瓶牛奶兩盧布，他們在利用機會賺錢。

這就是所謂的文明留在歷史中的「光輝」篇章！可這就是事實。在亞瑟港，除廢墟之外，所見別無他物。我甚為震撼，猶如雷擊。我深信，任何一個有思想的人都會為之震驚。

三十七、山海關

我從亞瑟港出發，兩天後經遼灣（ليوؤانغ）[1]直達山海關（شانحاى كوان）。山海關是一個小城，曾經是軍事要塞。

山海關由長城環繞著……我找了一家旅館落腳。據說這家旅館為歐洲人所開，但看不到任何跟歐洲有關的跡象。打理旅館的全是留著長辮子的中國人。因為語言不通，故而無法交談。不過，在這裡我成了真正的外國人了。但就算是一個外國人，也總得找個溝通的法子。不管怎麼說，我今晚得在這裡住宿，明早得坐最

---

① 可能指遼東灣。

早的那趟列車去天津。今晚就先這樣住下，要知道在中國火車只在白天走，晚上是不走的。（570）

第二天一大早我就起床趕往車站，買好票後就上了車。我後面排著的是一個中國人，他在我對面找了個位置坐下，但時不時地盯著我看。突然，他朝我大聲喊道：「你是熱施德先生嗎？就是那個《順從》（ألفت）報刊的編輯？」

我說：「是的。」

沒等我說完，他就起身一把提起我的行李朝車廂外走，我正想上前攔他，只見他提著行李邊走邊說：「趕緊下車，火車就要開了。」我只好跟著他下了車。下車後我問他：「朋友，發生什麼事了嗎？」

還沒等他回答我，火車就已經開動了。我不知道他到底是誰，火車離開後，他對我說了幾句俄語。事後，我才發現他只會講那幾句俄語。我仔細打量了一番後，感覺還是不認識他。過了一會兒，他笑著對我說：「我們是朋友。」

然後他給我拿來了一些食物和茶。跟他待了大概也就半小時的樣子，但我覺得似乎有半年那麼久。過了一會兒有個人向我們這邊走了過來，並說：「你們是穆斯林嗎？安賽倆目爾來伊庫木。」

我們回道：「臥爾來伊庫目賽倆目。」

然後，我們相互握了手。他又說了一句：「感贊真主給了我們伊斯蘭信仰。」

隨後，他笑著對我說：「我知道你是一個見多識廣的人。」我對他說：「說實話，我還不知道這個人是誰。」

他說：「你們在聖彼德堡見過。」

經他這麼一說，我想起了一件事。大概幾年前的時候，我在聖彼德堡招待過一個中國人，是位穆斯林軍官。把我從火車上拉下來的人正是他。原來拉我下來，就

是為了將我好好招待一番。而這位翻譯先生是山海關清真寺的阿訇。感贊安拉，在這裡竟然還能遇見穆斯林教胞。

一個人的感恩之情無論有多深切，當用語言去表達時總顯得蒼白無力。然而，我們是幸運的。一句清真言拉近了我跟這個中國人之間的距離，我們親如兄弟。也因為一句清真言，一個中國人就硬生生地將我拽下車來熱情款待了一番。四目相對，臉上洋溢著喜悅。（571）我想，假如有人看到這一切定會驚歎不已。中國的基督徒遇到歐洲的傳教士時，是否也會對他們給予這樣的款待呢？答案是否定的。

我和山海關的這位阿訇用阿拉伯語交流著，他臉上的喜悅之情難以言表。他用不太規範的阿拉伯語說道：「感贊安拉，你是個大學者，天下穆斯林是一家，你為了瞭解中國穆斯林教胞的生活狀況遠道而來，這讓我很感動。」並且用手指著他自己的胸口對我說：「我這心裡非常高興。」看看一個有著一千多戶穆斯林的城裡阿訇的阿拉伯語水準。伊斯蘭怎麼會成了這個樣子呢。他們對我的到來都表示非常開心，儘管他們的阿拉伯語表述是一些零零散散的詞彙，但不影響我們之間的交流。

我們聊了一會兒之後，便出去參觀了一下城裡的清真寺和學堂。山海關有兩座小清真寺，城內一座，城外一座。不過每座清真寺都設有一個小學堂。學堂裡面的學生不多，其中一個裡面只有一個學生，而另一個裡面則有三個。山海關是一座小城，裡面住的穆斯林也不多，不過，宣禮聲卻成了穆斯林的標誌，每天都能聽到。我和阿訇又去城邊看了看，城外空曠遼闊，遠處是山。我發現城西邊的山頂上有一些人。我問阿訇那些人是幹什麼的，阿訇告訴我他們是基督徒。聽阿訇這麼一說，我才知道原來這裡有一座基督教堂。我和阿訇一同朝著那座教堂走去。到了之後，我發現教堂很大，只是裡面的人數不超過 10 個。當我聽說裡面的牧師是俄國人時，便急切想去跟他瞭解一些情況。

三十八、山海關城邊的教堂

我問基督教傳教士：

—— 你們為什麼要將教堂建在離城區這麼遠的地方呢？（572）

—— 教堂建在城裡面意義不大。因為中國人並不待見我們，他們甚至會恫嚇那些已經入教的人，逼他們反教。而這裡不一樣，儘管來人不多，但入教者的信仰更為堅定。當他們還是小孩的時候，我們就對他們進行規勸教育，而且會帶他們遠離眾人的視線，進行為期三年的教育。這樣一來，就算放他們回去，他們也不會徹底融入當地人中。他們跟我們一直都保持著聯繫。

—— 當他們還是孩子的時候，你們怎麼會得到他們呢？

—— 買來的，一些家境貧寒的人會將自己的孩子賣掉。一般來說，紅鬍子販賣漢人小孩，滿洲人也是如此。

—— 一個小孩值多少錢？

—— 戰亂災荒之年非常便宜。一個小孩也就五六美元，最多十美元。但有時我們也會將價格提高到五六十美元。買的不多，因為我們經費短缺。英國人、義大利人和美國人買的比較多。

—— 你們這裡一共有多少人？教堂是什麼時候建的？

—— 教堂是十五年前修建的，這裡人不是很多，所有人加在一起，包括已接受洗禮的人總共也就 1200 人。

—— 這就是你們花了 15 年時間勸化的人？

—— 是的，就這麼多。

—— 那你們一共花了多少錢呢？

—— 錢花的倒不是很多，事實上我們也沒多少錢，就整個中國來說，我們這個教堂是最拮据的。

（大家想想）我們每年的花銷最多三萬盧布。

—— 你們的教堂為何這麼拮据呢？（573）

—— 因為這附近住的都是穆斯林，他們中改信基督教的一個都沒有。我們沒有完成資助協會的任務，因此，協會就斷了我們的資助金，而我們又籌不到捐款。

—— 這裡就沒有改信基督教的穆斯林嗎？他們就不賣自己的孩子嗎？

—— 他們絕不會賣掉自己的孩子，不過改信基督教的有一個。

—— 那滿洲里有多少教堂？

—— 滿洲里我們有 28 座教堂，不過英國人的教堂更多，具體有多少我不太清楚，他們人員眾多，資金充足。

—— 整個中國一共有多少人歸信基督教，你們做過統計嗎？

—— 我不知道有多少，不過滿洲里比較少，不超過一百萬人。大多數人都是形式上的歸信，而且很多人都已被中國政府處死了。他們改信基督教就是為了能進入使館區得到豁免，以這種形式入教的人沒什麼意義。他們中大多數人後來又放棄了基督教，做回了原來的自己。不過南方法國人殖民區的傳教工作進展很順利，那裡的信教人數接近兩百萬了，有可能超過兩百萬了。

—— 為什麼那裡的傳教工作進展的很順利呢？

—— 我估計是因為那裡的大多數居民來自藏區，因此，他們可能更容易接受基督教。再說了，那裡的傳教士人數更多，還給信教者發錢。傳教士天天在村莊待著，而且，那裡鴉片肆虐，信教者大多吸食鴉片。因此，那些吸食鴉片的人一旦手裡沒了鴉片，為了得到鴉片他們就會改信基督教。他們控制他們最根本的方式就是鴉片。（574）法國政府及其領館為傳教工作提供了各種便利。東京[①]一帶的非穆斯林居民大都改信了基督教。法國政府剪掉了他們的殖民地裡的中國人的辮子。

---

① 可能指開封。存疑。

同這位傳教士聊了一會兒後，我們便起身告辭。昏禮時分，我們到了山海關城。入城後，達烏德（داود）款待了我們。這一路，阿訇一直都陪著我。

那天昏禮的時候整個山海關的居民都聚集在清真寺裡，他們邀請我去寺裡。在寺裡，我用波斯語做了演講，對中國穆斯林的一些情況也進行了批評。當時有一個叫阿里‧毛里維（عالی مولوی）的印度人做的翻譯。我的演講，進行了好幾個小時，之後我對阿里‧毛里維說：「中國穆斯林宗教操守薄弱的原因是他們缺乏《古蘭經》誦讀和字母發音方面的知識。誦讀、背誦《古蘭經》是一項宗教功修。清算日，在真主那裡中國的歐萊瑪將會因這件事問責的。」

演講結束的時候人們開始嘰嘰咕咕說著什麼。一開始，我不知道發生了什麼，等阿里‧毛里維告訴我之後，我才明白原來他們在抱怨歐萊瑪。他們說：「我們現在的情況都是我們的歐萊瑪造成的。」

阿訇上前對我說：「大家很認同你的看法。」

我們到達烏德家的時候已經是深夜了。我們擺上桌子美美地吃了一頓。當時一起吃飯的人很多，阿里‧毛里維也來了。（575）

據阿里‧毛里維說這裡有很多印度人，大多數是員警和士兵，商人很少。這裡的印度人絕大多數都會講漢語。遺憾的是，很多人都是為英國政府工作的探子。有時他們也會做一些宗教服務工作，去農村教書，發放印度語教材，在中國穆斯林中傳播自覺精神。

第二天，我決定離開山海關，但達烏德極力挽留，我又多待了一天。我是不會輕易浪費時間的，於是，我和阿訇又去周邊的村莊看了看。

三十九、村莊

據說山海關周邊有很多穆斯林村莊，有些村莊穆斯林與非穆斯林毗鄰而居，有些村莊則是非穆斯林人口占多數。

　　眾所周知，所有中國人的服飾都是同一種款式，所以，從服飾上很難對穆斯林、非穆斯林和基督徒進行區分。不過，穆斯林的院子大門上都會用阿拉伯文寫著清真言等字樣，這種情況在農村和城市是一樣的。

　　還有一種情況值得一提，是關於穆斯林小孩的事情。每當穆斯林小孩看到外地來的穆斯林，他們就會跟在後面興奮地喊著「穆斯林來了，穆斯林來了」。就在這次，當我們走進一個村莊的時候，看到 18 個小孩在一塊不大的空地上玩耍，當看到我們的時候，其中一個小孩跑過來跟在我們身後大聲喊道：「穆斯林來了」。（576）看到這一幕，我問阿訇：「為什麼其他小孩沒一起跟過來呢？」

　　阿訇告訴我說：「因為這是個穆斯林小孩，其他的都是非穆斯林小孩。」

　　我接著問他：「那這個小孩是如何知道我們是穆斯林的呢？」

　　阿訇指了指自己的鬍鬚說：「因為穆斯林的鬍鬚都比較短。」

　　事實上，在中國，穆斯林留短鬚幾乎成了一項宗教事務，同時也成了穆斯林的一種身分象徵。

　　穆斯林小孩在見到穆斯林時這種呼喊的方式成了穆斯林之間的一種默契。對於穆斯林而言，那是一種心靈秘約。這種情況整個中國都一樣，無論我走到哪裡，發現他們總是盯著我的鬍鬚看。因為在中國穆斯林中像我這樣的鬍鬚不多見，原因是他們中有鬚者本來就不多，而留須者就更少了。像我們那樣的鬍鬚，在中國穆斯林當中是找不到的。他們對我的鬍鬚非常吃驚，有時候會有很多人圍著我，只為看一眼我的鬍鬚，而且還大聲喊著「穆斯林來了」。

　　中國的村莊都是些大院子。如果仔細觀察，就會發現所有的房屋造型很美觀，而且街巷小路非常齊整。村莊的整體外觀給人一種很文明的感覺。我發現大多數村莊的街道都非常整潔。

我們在一個叫狼穀（لانغو）①的村莊開的齋。我們來到一家小飯館，見門口貼著壺形和念珠的圖案，阿訇說：「這是穆斯林的飯館，非穆斯林的飯館是不會貼的。」按阿訇的說法，那兩種圖案是區分穆斯林飯館與非穆斯林飯館的標識。麵食和肉類是中國最盛行的吃食，然後才是魚和蔬菜，而竹筍最多。飯菜很美味，比日本的飯菜好吃多了。後來，我在四處遊歷的時候，發現很多地方都有白色的圓圈。最初是在非穆斯林寺廟附近看到的，之後在一些山頂和山谷處也看到過。我問阿訇：「這些白色的圓圈是幹什麼用的。」（577）他說：「這裡狼多，不僅吃羊，有時還攻擊人。如果人躲進這種圓圈裡面狼就不敢來了。」

我和阿訇還去了附近的一些村莊，那裡的人各個都吸大煙。事實上，我在其它村莊也見到過這種情況。

晚上我們去了達烏德的家裡，並在他家裡過了夜。達烏德人很好，因為在聖彼德堡的時候我招待過他，這份情他一直記著。

四十、異化還是無知

我在中國的火車站發現了很多奇怪的事情，我給讀者朋友們講一講。我發現每當有火車進站，中國士兵都要列隊致敬。他們在鐵道兩邊一字排開，一邊是 12 個士兵，另一邊是 11 個士兵加 1 個軍官。火車進站的時候，他們便舉槍致敬。對火車列隊致敬為中國和土耳其所僅有，個中緣由，不得而知。我想這可能是那些可惡的歐洲人想出來的一種專門用來測試我們到底有多蠢的方法，而且這肯定是某個歐洲人隨口一說，而我們的某個不長腦子的軍官將其變成了現實。後來就變成了一種慣例。再後來，歐洲人開始對其進行了強化，並出臺了相關法律。

我經歐洲去土耳其的時候，在穆斯塔法帕夏橋上見過類似的情景。當時，我對此事非常氣憤。火車上的乘客有些非常可憐，其中有一隻腳穿著草鞋，另一隻腳穿

---

① 地名待考。

著皮鞋的人；有大衣衣扣破爛，普普通通的人；有戴著無頂破帽的人；也有天色尚早卻穿著睡衣的人。而官兵們則對著這些歐洲人舉槍致敬，（578）好像在說「看吧，這就是我們！」很多軍官和那些帕夏太太經常去歐洲，難道就沒人給他們說「這是在幹什麼？我們為何要向他們致敬？」這種事在歐洲是不會發生的。每個車站都有列隊的官兵，當火車進站時以這樣的方式致敬。那些槍和子彈都生鏽了，好像從來就沒擦過一樣。作為一個外國穆斯林，看到這樣的情景我感到很羞愧。

不過，中國這種事情也許是英國人強行推行的。從謀克敦到山海關，每個車站都有這樣的官兵，每每看到他們，我就想起了土耳其。

四十一、天津

我離開山海關去天津（تنزين）。那是一個整潔有序的大城市，居民大多數是歐洲人。很多建築都是歐式風格，高大宏偉，給人一種置身於歐洲城市的感覺。對天津最直觀的感受就是乾淨整潔，這種乾淨整潔，顯然表明這座城市的治理另有其人。

天津城裡生活著很多穆斯林，我住在南堤咀（ناندیظی）①區的清真寺裡，寺裡學堂的建築風格非常特別。清真寺修建的非常美，看了讓人激動。甚至整個天津的清真寺的建築風格同中國其它城市的清真寺相比極有可能都獨具特色。我估計這座清真寺的花費應該有幾十萬。假如我能繪圖畫畫，我會把看到的這些都仔仔細細畫下來。不過，後來我收集到了這些清真寺的照片，不幸的是，在俄國郵局被偷了。不僅天津所有清真寺的照片，還有很多信件也一併被偷了。（579）

天津穆斯林中富人不少，有大資本家，也有辦廠子的。在這裡我不對他們做任何價值上的判斷，因為我對他們並不瞭解。

---

① 地名待考，下同，不再注釋。

如果不是穆斯林極其注重清潔，那麼天津所有大大小小的清真寺的整潔有序恐怕很難實現。尤其學堂，極為整潔。至於教學，則是一把辛酸淚，我不想多說什麼。而伊瑪目的阿拉伯語勉強能聽懂大意。不過他是個有知識的人，從他那裡我學到了不少東西。

據我瞭解，天津市有一萬兩千多名穆斯林。小清真寺 9 座，大清真寺 3 座。清真寺不分大小全都設有學堂。

剛到天津那會兒，我和阿訇之間進行過激烈的爭論。剛開始時阿訇對我進行了言語攻擊，說的話也很傷人，他說：「這些以乞討為生的穆斯林讓人很苦惱，難道你們那裡就沒人說穆斯林是不能行乞的嗎……。」

他還說了很多不太好聽的話。他一直不停地說，我則靜靜地聽著。他給我講了一個故事，是關於一個來自麥迪那名叫胡木孜（حمزة）的人，說那人幹的盡是一些下流之事，他一直不停地說著。

我對他說：

—— 你說的很對，我同意你的看法。但我覺得，對有些事情你的結論下的太早了一些。談話之前你首先應當瞭解瞭解我。一開始言辭就如此激烈你覺得合適嗎？鑒於你言辭如此激烈，我必須得說說我的看法。如果你不介意，並且願意聽，我就給你說說。但我希望你不要隨意打斷我，我說的不會太久。等我說完，我再聽你講。（580）

—— 你說吧，我聽著。

—— 首先，我不是麥加來的，也不是麥迪那來的，而且我也不是行乞的。你放心，我要說的只是一些有關伊斯蘭教和穆斯林的事情，我不會說什麼建議之類的話。我說的都是些常識，而且請放心，我不會跟你要錢的，就算你給，我也不會要。

—— 我誤會你了，請多包涵，因為之前遇到過一些人，讓我很窩火。因此，當我看到你不修邊幅的樣子時，頓時覺得很生氣。所以還望你見諒。你說吧，我都聽著。

—— 我是一個俄國穆斯林，來到中國是想以一個穆斯林教胞的身分瞭解瞭解你們的情況。中國內地我去過的地方不多，所有地方加起來也就四五個城市、二三十個村莊而已。但你知道，我都看到了些什麼嗎？狀況讓人心痛，我告訴你我都看到了什麼，如果你願意就聽一聽，不願意就別聽了吧。你放心，而且也請你相信，我所作的這一切出發點都是因為伊斯蘭教。截止目前，在中國我還沒遇到過像你這樣能講一口流利的阿拉伯語的人。不過遺憾的是，你的《古蘭經》誦讀實在不敢恭維。如果你願意的話，你聽我給你模仿一下伊布拉欣‧哈里比（ابراهيم الحلبى）的誦讀，聽完後，你也許會說自己的誦讀不對，而且謀克敦、齊齊哈爾、山海關一帶的伊瑪目的誦讀也不對。事實上，那些都不能稱作是誦讀，那是他們從非穆斯林寺院裡聽來的一種吟誦，僅此而已。求主護佑，他們那是誦讀嗎？「法提哈章」的誦讀從頭到尾都是錯的。這種情況應當予以糾正。

—— 真主啊！我們誦讀的錯誤竟有這麼多，我之前的話有些過分，還請您見諒。（581）

我繼續對他說：

—— 你客氣了。如果你想聽，我還可以接著說，而且我可以舉出例證，我認為沒有什麼事比我要說的這事更重要了。

中國穆斯林人口有七八千萬之多，如果所有的伊瑪目都如我所見的那樣，那會讓人非常心痛。穆斯林相見當以賽倆目問候，即便你們說賽倆目時發音很奇怪也罷。你們幾乎所有的習俗都已經打上了非穆斯林的印記，看看你們留的長指甲，看看你們的長辮子，難道你們都看不到嗎？在安拉那裡，每個人都要為自己的行為負責。

至於政治方面，中國的這片土地上穆斯林沒有任何權力。因為你們的權力都被政府收走了，你們也沒有人權可言，你們對此完全不知。八千萬的人口，竟然沒有一個政府要員。中國在日本的留學生有一萬多人，其中穆斯林留學生人數也就三四十人而已。

你們從來不反思，現在統治你們的卻是一群外國人，而不是中國人，這種情況下中國穆斯林的狀況又將如何？你們就沒想過嗎？

之所以跟你說這些，是出於一個穆斯林教胞的考慮，也是出於你的阿拉伯語功底好的原因。如果你不願聽，我也不會再多說一個字，今晚在你們學堂借宿，明天我就繼續我的旅行。

—— 非常歡迎你，你別客氣，你是貴客，認識你是我的榮幸。如果你能在我們這裡待上一兩個月，對我、我們這個區的教眾以及我們這裡的所有穆斯林來說也是一件幸事。我之前的言辭多有不適，還望見諒。因為在你之前我招待過很多人，他們的確讓我很生氣。你既然已身在中國，應該也看到了中國穆斯林的一言一行都在英國人的監視之下。（582）如果你再多觀察一兩天，就會相信我說的是對的。而且，你也會明白我們中國穆斯林到底處在何種狀況下，到時你也就會對我之前的行為有所體諒了。

—— 英國人？怎麼會？難道你們有為英國人做事的人？

—— 是的，這裡大多數工作人員都是英國人，特別是警察局，那裡全是英國人。而管理我們穆斯林的就是為英國人工作的印度穆斯林。他們四處打探，各地搜尋，將搜集到的信息一字不落地彙報給了他們的英國上司。

—— 這也是我一直想弄明白的事情，想一想你們的未來，儘管這些人與中國毫不相干，但他們卻實實在在地統治著你們，如果真到了他們完全統治這個國家的那一天，你們的壓迫將又會怎樣呢？

此外，你們周圍全是基督教傳教士，他們以幫助為誘餌，致使很多人中了他們的詭計。他們對你們的所有承諾都是假的，用不了多久，就會有很多中國

人成為他們的同夥。再往後，穆斯林歐萊瑪也難以倖免，到那個時候，你們又能做些什麼呢？你們怎樣保全自己呢？

我給你說這些，是想聽聽你的想法，也好讓我心靈上得到些許安慰，我很快就要離開天津了，我不會向你們討要一分錢。明天一早，我就離開天津。

—— 我真心希望你能多待一兩天。

於是，我便決定在天津多待一兩天。阿訇在南堤咀學堂為我收拾了一間屋子，而且，在此期間我跟阿訇之間的關係變得更加親近了。天津真的很美，商貿中心甚是好看。商人中最多的是外國人，不過，生意做得最大的是穆斯林。

我來此城的目的是為了瞭解穆斯林的相關情況，但最為關心的還是他們在宗教方面的事情。（583）

中國穆斯林的很多事情非常奇怪。我去過很多學堂，清真寺裡的小學堂建的很漂亮，而且收拾的也很整潔，但他們的授課方式在世界上其它穆斯林地區是沒有的。

他們用的教材跟我們用的一樣。不過，印刷本特別少見。所有的教材都是手抄本。所有滿拉通過謄抄進行學習。滿拉謄抄、朗讀並背誦很多教材。中國穆斯林的字體在土耳其是見不到的，倒是跟俄國穆斯林的字體很像。《古蘭經》也是這種字體的抄本。中國所有清真寺裡面的《古蘭經》由很多冊組成。

最令人奇怪的當屬中國穆斯林的《古蘭經》誦讀方式。假如一個中國學者拿到一本阿拉伯文經書，你會發現他雙目緊鎖，嘴裡念的是一些漢語詞，一個阿拉伯語字母都不讀，而且，讀經的語速非常快。據我瞭解，他們對阿拉伯語的理解能力相當不錯。因為，有一次我就教法中提到的一些問題向滿拉們提問，很多滿拉毫不猶豫地給出了答案。不過，他們將答案寫在紙上，他們的書寫、語法相當規範。假如將問題寫在紙上，那麼他們便一看就知。有一次，我問一個滿拉：「中國的穆斯林男子可以留辮子和指甲嗎？」

他便拿起一枝筆，在紙上寫著：「可以，不過是可憎行為，而且留辮子和指甲是中國人的習俗，是明文規定的習俗。」

之後，我又問了幾個問題，他都對答如流。

穆斯林學堂裡面現有的必修教材大多數都有漢譯本，就算是《穆合太算熱・麥阿尼》（مختصر المعانی）也有譯本。（584）這一切都表明在中國穆斯林中曾有過一些學養深厚的歐萊瑪，是他們將這些書籍翻譯成了漢文。而現在，我不認為他們中還有誰能有如此深厚的學養。總之，這些書籍，歐萊瑪和滿拉都非常熟悉。

四十二、與阿訇的對話

阿訇的阿拉伯語水準很好，我們之間的交流沒有任何困難。他是一位虔誠博學之人。我向他詢問了中國的伊斯蘭教發展歷史，他的回答與其他中國人的回答如出一轍，稱伊斯蘭是穆聖時代傳入中國的，那時來中國的是撒阿的・本・艾比・宛嘎斯。我說：「這是從哪兒聽來的？」伊斯蘭教的歷史書籍中關於索哈白有著詳細記載，更何況撒阿的・本・艾比・宛嘎斯是十大索哈白之一，伊斯蘭世界的史書中沒有關於他在穆聖時期到訪中國的記載。然而，中國的歐萊瑪堅信這件事的真實性。

我問阿訇：

—— 你有什麼證據嗎？

—— 這個說法在中國歐萊瑪中傳述已久，代代相傳。我們的很多歷史文獻，其歷史可追溯到四百年前，所有的歷史資料都提到了這件事。

—— 但是這個傳述與伊斯蘭世界的所有史書都不符，可靠的記錄是撒阿的・本・艾比・宛嘎斯在哈里發奧斯曼去世後在麥迪那去世了。

—— 我們並不是說撒阿的・本・艾比・宛嘎斯去世於中國，我們的歐萊瑪只是說他在穆聖時代到過廣東，並在那裡待了 6 個月。當時跟他一起的還有兩個人，其中一個叫尕西姆，逝於廣東，（585）他的墳墓至今還在。撒阿

的·本·艾比·宛嘎斯建的清真寺的地基至今還能看到。中國所有的歐萊瑪對此深信不疑。在中國，無論你走到哪裡，聽到的都是這個說法，而且，他們還會給你講述一些關於古泰白（قتيبة）的事蹟，說古泰白於伊曆 95 年到訪過中國，並將伊斯蘭教傳入中國，只不過古泰白是經新疆來中國，而撒阿的·本·艾比·宛嘎斯走的是水路而已。中國有本史書，其中有皇帝（خاقان الصين）表彰伊斯蘭教的記載，說伊斯蘭教傳入中國是中國人的福分，而這本史書的歷史可以追溯到兩百年前。

—— 你說的對，但是阿拉伯文史書中的記載與你的說法不同。

—— 我只是說這些傳述眾人皆知，你會發現很多此類消息。關於皇宮裡發生的很多事情多為世人所杜撰，就拿當下我們所生活的這個時代來說，按照一些報紙的報導，皇帝（إمبراطور الصين）都已經死過很多回了。其實，這都是朝中官員的分歧所致。

總之，我們是東方的野蠻民族！看看歐洲的文明人，三十年前就已著書立說，書中寫到聖彼德堡的凱薩琳二世（الكسندر الثاني）被殺了，她的葬禮在皇宮舉行的，難道你們的報紙後來就沒寫一寫她仍然活著嗎？

因此，關於撒阿的·本·艾比·宛嘎斯難道就不能允許存在一些與你所說的歷史記載不一樣的歷史傳述嗎？如果你說這純屬虛構，那麼七八千萬中國穆斯林怎能會相信一個虛構的歷史呢，難道他們的傳述就不是真的。

—— 哪裡存在無知，哪裡就謊言盛行。我們不要說八千萬中國穆斯林了，（586）數億的基督徒還認為爾薩是安拉的兒子呢，幾百萬猶太教徒還說他是私生子呢，這樣愚昧的信仰是沒有證據的。

—— （他咯咯咯地笑了起來）你的言論真是精彩，讓人聽著舒服。總得來說，中國的穆斯林正如我所說的那樣，對此非常堅信。伊斯蘭教很早以前就已傳入中國，甚至在一些歷史時期，官員、帝王信仰伊斯蘭教者大有人在，假如你去看一看故宮旁邊的清真寺，就會明白我說的是真的。毫無疑問，故宮旁邊的清真寺是皇帝（إمبراطور）建的，這是不爭的事實。我倒覺得你的問題很不合時宜，你應該問我伊斯蘭教從什麼時候開始倒退了？

—— 你說的對，不過事情得一件一件來。你倒是提醒了我，那麼伊斯蘭教是從什麼時候開始倒退的呢？

—— 你還真是讓我哭笑不得，我所講的在你們的歷史中是找不到的。不過，伊斯蘭的倒退不是新近的事情，而是很久以前就已經出現的悲劇。在 450-500 年前的時候，中國的穆斯林經西藏、俾路支斯坦(بلوجستان)、巴士拉(البصرة)、希賈茲（الحجاز）地區前往麥加朝觀，那時最近的路途也要走上一年之久。這樣的朝觀之旅持續了很多年。那時中國穆斯林和阿拉伯之間的關係也得到了加強，也就是那個時候中國的皇帝（إمبراطور الصين）[1]歸信了伊斯蘭教。具體的歷史時間我說不準，如果你能去南京，那裡有很多知名的歷史學家，他們會給你細細講述歷史上所發生的一切，不過，那裡沒有人能幫你翻譯。（587）

自此之後，中國出現了內亂，穆斯林遭遇了詆毀和攻擊，非穆斯林統治了穆斯林，並成了這個國家的統治者，他們禁止穆斯林朝觀，禁止了中國穆斯林與外界穆斯林之間的往來，最終我們就變成了今天這個樣子。

—— 你說的這些中國史書中有記載嗎？

—— 當然有，而且記錄的很詳細，如果我的阿拉伯語水準好一點的話，這些歷史我都會翻譯成阿拉伯文。

—— 你的阿拉伯語講得非常好，這點我是可以確定的。不過，我倒希望你對所遇到的每個外國人不要急著下結論，對他們友好一點。不是每個遊客都喜歡提問，也不是每個遊客都能經得住你這樣的傷害，這會成為穆斯林教胞交流的障礙。你能給我講這麼多，我很高興。就算你現在趕我走，我也不會走的，因為我想讓你再給我多講一些。如果你不煩的話，我還想跟你多交流一兩次。

—— 非常感謝你的建議。但我對阿拉伯人沒有好感，因為他們中有些人讓人很崩潰。這座城市裡有一個叫胡木孜的阿拉伯人，經新疆到中國內地，然

[1] 奧斯曼土耳其語本中表述中國的「皇帝」一詞時，使用了「خاقان」「ايمپراطورى」「بوغديخان」等表達方式。

後到了這裡。來的時候，他身上還有好幾千美金，但他將這些錢全都揮霍在了追求私欲上。揮霍完之後，就來找我們求助，我們給了他 30 美元，但他覺得太少了，還說「我們的先知絕不會喜悅你們的。」他說的這是什麼話？所以，你剛來的時候我就不太待見你，還望見諒。

—— 你放心，他的事不會在我身上發生的。不過，我得謝謝你。

聊完之後，我們就分開了。（588）

我在天津城裡轉悠，每到一個地方，總會這裡瞧瞧，那裡看看。這座城快被英國人占領了。據說農村也有很多印度兵，他們在那裡充當員警。這些人有時是間諜，有時是商人，視情況而定。不過，有時候還會充當安檢員或管理人員。他們是英國政府的代言人，是他們的打手。不管你在哪裡遇到他們，他們的頭上總是裹著一個很大的頭巾，而且背後還耷拉著一條長長的帽穗直到屁股的部位。沒見過他們的人，第一次見了會以為他們是穆斯林，而且可能以為他們是歐萊瑪。

看到印度非穆斯林的這種頭巾，人們不禁要問，他們為什麼要戴這樣的頭巾？

總體來說，英國的員警都戴這種頭巾，騎兵、門衛都是如此，甚至那些迎賓服務人員也要戴，只是他們的帽穗稍長一些。

一般來說，中國沿海城市裡印度非穆斯林的這種頭巾是一種身分的象徵，他們對此非常重視。可憐的中國人每每看見印度人的時候，都會想起爾孜拉伊裡天仙。顯然，無知之人對於非穆斯林頭巾的理解與有知識的人對頭巾的理解之間還是有很大區別。但是，誰有勇氣為他們做解釋呢？因此，在無知和冷漠面前你只能保持沉默。

印度非穆斯林在與當地的中國人打交道的時候，每人隨身攜帶一根 1.5 米長的鋼管，一旦中國人惹他們不高興了，他們就會掄起鋼管，朝著中國人的頭上揮去。（589）

　　英國人有什麼資格使喚印度人呢？他們使喚印度人的目的又是什麼？從什麼時候開始他們以這種方式干涉這個國家的事務了呢？

　　我想在這裡說說我所瞭解到的情況，我應當借此機會說得詳細一點。七八十年前，英國人來到香港（هونك كونغ），隨他們抵達的還有一些印度穆斯林。英國人當時給他們的承諾是：「我們會給你們錢，給你們想要的一切，你們放心做買賣，過一段時間我們會回來帶你們回去。」

　　阿布頓拉‧凡給熱（عبد الله فقير）就是當時留在香港的印度穆斯林之一，他是個有名的商人。之後，英國人開始不斷向中國南部沿海地區增派人員，接著以保護他們為由又派了一些員警，但這些員警在英國的授意下開始插手中國的內部事務，當中國人起來反抗的時候，他們就將這些印度人送上了軍事法庭，理由是他們未經申請擅自行動。英國人從來就沒有停止過這種行為，一有機會，他們就馬上插手，直到最後情況變成了現在的樣子。天津的中國政府就是個擺設，儘管那裡有很多中國員工，但如果中國員工要打官司，就得去英國官員那裡立案，可是，假如被起訴的人是法官，他們該向誰去報案呢？

　　這個印度商人來天津的目的到底是什麼呢？我弄不明白。他懂阿拉伯語和法語，表面上是個書商，但看不到他買賣書籍。他有一兩個錢莊，像他這麼小的店鋪，是不可能經營圖書生意的，不過他自稱書商。我跟他聊過很多次，沒看出來他有多大能耐。他在十年前就開始經營書籍生意，我向阿訇打聽了這個書商的情況。（590）

我問阿訇：

　　—— 就這麼點書，他怎麼做生意呢？你知道他真正的身分嗎？他到底是做什麼的？

　　—— 這個人十年前就到了天津。那時候他的書也就這麼多。結過幾次婚，又離了，花了不少錢，日子過得很滋潤，我沒見過他買賣書籍，也看不透他，不過他是個穆斯林蘇菲。

真是個災難，但願我們不要受到他的蠱惑。

我想在天津城多待幾天，但阿訇告訴我他準備出城一趟，於是，我不得不改變計畫，離開天津。不過在接下來的那段時間，我參觀了幾所學堂。我向著有清真寺的方向走去，發現那是一座很大的清真寺，旁邊還設有一所學堂，不過裡面的學生很少。在這之前我對那裡的學生已有所瞭解，他們對所學的東西還是有所掌握的。

我當時想看看他們的課本，於是我問其中一位學生能否借他的課本看看，他就給我抱來了所有的課本。我發現他們的課本大多都是手抄本，有《費格海》（الفقه）、《乃哈臥》（النحو）、《算熱夫》（الصرف）、《阿嘎依德・奈賽斐》（عقائد النسفى）、《穆合太算熱・麥阿尼》，有杜蘇給（دسوقى）的作品①，還有一些漢文教義學書籍。學堂的必讀課本是阿拉伯語，而且他們的阿拉伯語語法也教的很全面，可奇怪的是，滿拉的阿拉伯語表達能力不如他們的阿拉伯語理解能力，我也不知道是什麼原因。歐萊瑪的情況和滿拉差不多，不過他們的阿拉伯語表達和理解能力還勉強說得過去。

南堤咀區的阿訇對阿拉伯語的理解能力，讓我覺得他是這個城市裡面一萬三千多穆斯林中唯一一個懂阿拉伯語的人，我在其它清真寺裡沒有遇到過像他這樣的伊瑪目。中國穆斯林在《古蘭經》誦讀方面甚是奇怪。（591）他們真是一群薄福的人，不過，他們的學堂倒是很漂亮。同俄國一樣，中國的學堂是清真寺的一個組成部分，當然，學堂裡面有水房，洗大小淨的水一直都是熱的，這個區的所有穆斯林洗大淨時都去清真寺洗。天津的清真寺非常整潔，一些行善之人出資打掃衛生。說實話，世界上其它地方遇不到的事，在中國穆斯林這裡你都能遇上。天津城的各個地方我差不多都去過，我發現爭執衝突之事在穆斯林和非穆斯林中非常少見，他們生活在同一個地方，鄰里友好，和諧融洽。之所以出現這種局面，

---

① 這些書基本都是中國穆斯林經堂教育用書，依次為《教法學》、《語法》、《詞法》、《認主學（教典詮釋）》、《簡明修辭（拜亞尼）》。杜蘇給（？-1815），今埃及人，全名穆罕默德・本・艾哈邁德・本・阿勒法・杜蘇給，馬立克派法學家、凱倆目學家、語法學家、修辭學家、幾何學家等，曾給塔夫塔紮尼的《簡明修辭》做過注釋，其注釋是中國穆斯林經堂教育的重要參考書。

是因為穆斯林人數占絕對優勢。在中國，一般來說，穆斯林人口占絕對多數的地方生活都很安寧，而在非穆斯林人數占絕對優勢的地方則不然，往往都是矛盾四起，爭執不休。關於此事，我曾親自做過調查。

非穆斯林從來都不遮掩他們對穆斯林的敵視態度，他們一旦掌握實權，便會對穆斯林進行各種刁難甚至欺壓。因此，很多時候穆斯林不得不小心防範非穆斯林的刁難。這也就解釋了為何他們在打扮上與非穆斯林幾近一樣，甚至很難從外表上進行區分。

他們對非穆斯林習俗的采借，不僅融入了他們的世俗生活，宗教事務方面也有所融合。清真寺的外形與非穆斯林寺院的建造風格幾乎沒有區別，清真寺裡擺放著的塑像也源自非穆斯林的習俗。站哲納茲時身著白色麻衣也與非穆斯林的習俗有關，包括用棍子抬埋體，都與非穆斯林的習俗有關。（592）當然，用棍子抬埋體的習俗在布哈拉的歐萊瑪中也很盛行，不過我覺得那也是受非穆斯林習俗的影響所致。而且，送葬時抬亡人的大木匣子，這世上只存在於中國穆斯林中。

後來我離開天津前往北京，它是中國的首都。天津至北京有四個小時的車程。兩城之間的交通工具還是很便利，每日都有好幾趟列車。我於 6 月 28 日星期一晚上 8 點到達中國的首都——北京。

四十三、北京

北京是中國的首都，是世界上最古老的城市之一，是古老文明的中心之一，同時，也是世界最大的城市之一。

我想先談談北京穆斯林的情況。我現在在王寬（واك-كوان）阿訇所倡辦的學校裡做客，它就在北京的一個回民街區裡面。王寬是中國有名的學者，他的阿拉伯語名字是阿布杜拉赫曼（عبد الرحمن），而王寬之名，不管是穆斯林還是非穆斯林人人皆知。這個街區叫牛街（نيوجيه），牛街清真寺是北京規模最大、最古老的清真寺，建於 634 年前。它的始建歷史用漢語清清楚楚地刻在石碑上。

　　王寬很熱情地招待了我，並為我安排了一間住房。我在這裡做的第一個禮拜是胡夫灘。穆安津是位青年，他念邦克的聲音很有感染力，令我想起了伊斯坦布爾的邦克聲。他的聲音讓我感到很欣慰。

　　阿訇念過三遍「忠誠章」之後，禮拜開始了，念的也非常好，之後又靜默了一會兒，然後禮拜。伊瑪目開始誦念「法提哈」，（593）我能說什麼呢，我們已經跟隨伊瑪目做禮拜了。真主呀！我們都成什麼樣子了！我感覺這聽了讓人顫抖的「法提哈」在傷心地哭泣，並從他的誦讀中哭泣著離開了。

　　那天我太累了，因此也就早早地睡了。我對我們的現狀思考了很久，眼前全是關於誦念「法提哈」的場景。伊斯蘭教到了這種地步，真是讓人難過。但這就是千百萬穆斯林的狀況，每念及此，誰還能感到安心呢？

　　第二天我起得很早，天還很黑，我摸黑去了清真寺。到了寺裡之後，阿訇提議我領拜，於是我帶眾人禮了晨禮。

四十四、中國的禮拜

　　中國滿洲里、東南省區（四川）及東京[①]的穆斯林人數大約是四千萬，然而禮拜竟成了他們中少數人的主命。只有歐萊瑪和清真寺的滿拉常守禮拜，而地方上的社會名流很少能見到禮五次拜者。唯有主麻所有穆斯林都會參加。

　　總的來說，中國穆斯林的禮拜是哈乃斐派的遵行。他們非常注重清潔，在清真寺裡看不到髒物。所有的清真寺幾乎沒有區別，有毯子和米哈拉布。而米哈拉布跟伊斯坦布爾很像，點綴著裝飾品。據說牛街清真寺的米哈拉布曾飾以金色的庫法體書寫的《古蘭經》文和聖訓，但現在的牛街清真寺略顯陳舊。不過那裡仍有一些精美的木質雕刻裝飾品，上面有庫法體經文，堪稱藝術古跡的典範。（594）還有一些

---

① 可能指開封。存疑。

漢語木刻，如果仔細看一看這些雕刻，就會發現伊斯蘭教在中國有過輝煌的發展時期，因為愚昧之人是寫不出名言警句的。

　　禮拜的時候中國穆斯林都戴著圓帽，跟布哈拉人的帽子很像，而他們的辮子則盤進帽子裡面。這種圓帽他們只在清真寺禮拜的時候戴，其他時間頭上不戴帽子。夏天更是如此，頭上什麼也不戴。不過冬天的時候他們都戴著同一款式的帽子。纏頭巾只有歐萊瑪戴，不過也只在禮拜的時候戴。禮拜方面，他們跟我們沒有什麼不同。不要想著中國穆斯林會跟我們有區別，要知道他們也遵從哈乃斐派。不過《古蘭經》誦讀整個中國都一樣，咬字不清。他們在出聲念誦「法提哈」的時候，幾乎一個單詞都聽不出來，這一點讓人很意外。

　　聽他們的吐字發音似乎不像阿拉伯語，他們的念誦很像是在吟唱。句子的連讀也不對，很多地方都是錯位的。整個中國幾乎都是這種讀法。清真寺門口的紅色石柱上放置著一塊木雕經文，據說是政府送的。牛街清真寺的入口處還有很多類似的木雕，上面的刻字清晰，非常精美，據說是以前的皇帝（إمبراطور الصين）贈送的。除此之外，還有很多漢語石刻，都是與該寺建造歷史有關的內容。

　　牛街清真寺後面有所學校，古樸美觀。清真寺周圍還有很多其它建築，不過我不太清楚這些建築到底有何用途。（595）

　　清真寺的外觀與非穆斯林的寺廟沒什麼兩樣，奇怪的是清真寺頂上還有雕像。但那又能怎樣，中國穆斯林對此深以為傲，他們甚至覺得那些雕像都是神聖的（他們真是愚昧到無以復加的地步）。牛街清真寺大概有四十個滿拉，而其附設的一所小學裡面大概有一百多名學生。

四十五、穆夫提阿布杜拉赫曼・王寬阿訇

　　穆夫提阿布杜拉赫曼（王寬阿訇）是一個很有遠見的人，他常常為中國穆斯林的生存狀況感到擔憂，因此，始終視改善穆斯林的社會狀況為己任。

到北京的第二天我見到了他，我們也聊了很久，談的內容也比較深入。通過與他的交流，我對中國穆斯林的歷史及發展狀況有了一個大概的瞭解。王寬是一位非常有宗教操守的中國穆斯林，對他個人我就不做過多介紹了。據他自己說，他的血統可以追溯到撒阿的・本・艾比・宛嘎斯，而且有家譜作證，政府也很器重他。在中國，他也算是名人，掌管著牛街清真寺，是馳名北京城的穆斯林名人之一。

在此我為讀者朋友們簡要談談我眼中的王寬。他有著極強的宗教操守，但他的宗教操守與那些只顧自己利益的無知的蘇菲們之間有著很大區別。儘管他的生活並不富裕，但他心裡始終惦記著穆斯林群體，而且在幾年前就已經完成了朝觀功課。他在伊斯坦布爾的時候還見到了素丹阿布杜哈米德（عبد الحميد），他不懂土耳其語，也沒找到中文翻譯，所以他和素丹之間是通過阿拉伯語進行交談的。當然，他的阿拉伯文水準並不是很好。不過，我覺得素丹的水準也比他好不了多少。（596）即便如此，素丹還是聽懂了他所說的大概意思。他告訴素丹中國穆斯林的伊斯蘭知識普遍很薄弱，如果素丹不能向中國派送歐萊瑪，將會在真主那裡受到拿問。談完之後，素丹責成伊斯蘭長老院向中國派送兩名教師，經費由素丹個人承擔。隨後阿里・里達和哈菲茲・哈桑兩人在拿到素丹的資助後前往中國，並在中國進行了為期一年的教學工作。

這一切得以實現都是王寬的功勞。事實上也是他第一次聯通了中國和伊斯坦布爾之間的宗教紐帶，這也是王寬對中國穆斯林的巨大貢獻。

王寬的貢獻還有很多。在牛街興辦了新式學堂，差不多從政府那裡申請到了辦學經費。他還通過發行股券的方式認籌集資，籌措辦學經費。每個月上旬印出的股券，中旬拋售，下旬再收回。通過這種方式，為小學籌到了一百美元。這樣一來，教師的工資及其它開銷都有了保障。

小學的課程都是漢語及中文拼音……，有宗教課老師，也有阿拉伯語老師，不過這些老師只是掛名而已。

當然，股券集資是一種賭博行為，阿訇更是不可為之。但他說：「有什麼辦法，穆斯林普遍比較貧窮，如果我們籌不到錢，辦不了學，我們的孩子就得進非穆斯林的學校，這樣一來，我們的宗教也就丟掉了。所以，我們也是迫不得已才出此下策。」（597）

毫無疑問，俄國的歐萊瑪絕不會接受這種方式，他們肯定會說這是不合法的。王寬也知道這是非法的，但他還是做了，我想他做這件事的時候也提是好的。

四十六、我成了老師

王寬想讓我教一教清真寺的滿拉。他說：「我希望你在北京的這段時間能給清真寺的滿拉們講講有關《古蘭經》誦讀方面的知識，順帶也教一教阿拉伯語。」

事實上，對於王寬的這個請求我是不能拒絕的，我想任何人但凡看到這些滿拉的學習情況都不會拒絕。因此，在北京我當了兩個月的志願者，給這些滿拉上課。

王寬以這種形式關注著自己民族的發展。接下來，我會給大家講講這個人的一些不足。平心而論，我們不能忽略一個人的優點，因為一個人的行為總是有好的一面，也有不足的一面。穆夫提阿布杜拉赫曼‧王寬為自己的民族四處奔波，堅持不懈。我們說，如果一個人拒絕年輕人的建議，這不能算是他的缺點，只能說他還沒有認識到那些年輕人所提建議的重要性。而王寬，就是這樣的人。

四十七、Peking（بكين）還是 Beijing（بجين）

北京——中國人都這麼叫，是一座古城。沒有電車，沒有月臺，也沒有電。儘管如此，但它還是值得配以東方城市之母的美稱。城市居民有百萬之多，其中穆斯林人口占十分之一。穆斯林聚居區有 33 處，也有 33 座清真寺，其中最大的街區當屬牛街，裡面有 1500 戶人家。教子胡同（جاس حوتي）是第二大區，（598）有 1000

戶人家，這個區清真寺的伊瑪目名叫毛拉納賽爾丁（نصر الدين），他是一個善良淳樸的人。清真寺是新式建築，美觀整潔，但是較之牛街清真寺則小了一些。

納賽爾丁是一位蘇菲，除了教授 15 名滿拉外別無他事。其中一個滿拉懂土耳其語，是從哈菲茲‧哈桑那裡學的，他對我的幫助挺大。總體來看，中國穆斯林的教育很是奇怪，這座清真寺裡面的大多數課本是阿拉伯文的，還有少量波斯文課本，但他們在教授滿拉的時候一句阿拉伯語都不講，他們看著阿拉伯文課本，讀的是漢文音譯。如果不細看的話，誤以為他們讀的是漢語課本。如果看他們讀漢語譯文的速度，會以為他們的阿拉伯語水準極其高，然而，事實並非如此。因此，觀察他們總感覺迷霧重重。

我們所學的語法書和教法書他們也在學。但他們所學的如《麥阿尼》之類的書我們是沒有的。他們所教授的很多課本都是中文譯本，因為譯本對於滿拉更為方便。

不過這也說明中國曾出現過一些學者，他們中也許沒有專門的教法學家，但他們對阿拉伯語的理解能力卻很到位，這一點可以從那些漢譯本的教法和語法書中找到答案。而當前中國的歐萊瑪沒有了這種能力，因為他們的阿拉伯語理解能力極其有限。

北京有一座皇家清真寺，是北京的第二大清真寺，是一位皇帝（إمبراطور）下旨修建的。儘管現已毀壞，（599）但從基座和規模來看當屬朝廷出錢修建。這座清真寺與皇宮相連，緊鄰皇宮的位置，有一座高大的宣禮塔。宣禮塔臨街一面的方形大理石上刻著《古蘭經》的阿耶提「庫熱西」[1]，那面石刻有 6 腕尺高。當時皇宮裡給這座清真寺撥了專門的臥格夫（وقف）[2]，那個時候，這座清真寺的臥格夫非常多。

---

① 《古蘭經》黃牛章：255。
② 清真寺的財產。

還有人說，曾經有一段時間中國的皇帝（إمبراطور الصين）是穆斯林，而這個清真寺就是那個時候修建的。那時皇帝（إمبراطور）將這座清真寺的管理權給了突厥人（اتراك），因此，到現在為止清真寺管理者及伊瑪目都是突厥人。我還見過兩個管理人，儘管他們已經漢化了，但他倆仍然會講突厥語。我去過其中一個人的家裡，發現他妻子的突厥語比他還要流利，通過這一點，可以看出他們的突厥血統千真萬確。而這個清真寺的修建也說明了當時穆斯林在北京城裡有著特殊的地位和身分，這個清真寺的花費，其它任何一座清真寺都不能與之相比。每每看到這種情景，我都會不禁暗自思量，那時穆斯林是何種狀況，而今天又是何種狀況，如果對這些事情進行整理，那麼他們的故事將會勾勒成萬卷書海。

我們似乎不瞭解自身，我們的歷史也沒有告訴我們伊斯蘭教在中國的情況，伊斯蘭教的歷史書籍中沒有關於中國穆斯林的相關記載。我們處於一種不瞭解自身歷史的狀態，甚至對自身的現狀和未來也沒有認識。我們成了一群無知之人。

除了上述提到的清真寺外，北京還有 30 座清真寺。但基本都是一些小寺，而且部分還遭到了毀壞。事實上，這片土地上生活著很多穆斯林，包括那些突厥裔穆斯林，但我們該做點什麼呢？我們彼此之間都不瞭解，求主襄助吧。（600）

總之，如果我們看一眼北京的穆斯林，很難將他們與非穆斯林區分開來，就是他們自身也很難區分。不過，穆斯林的住所門上都會掛有阿拉伯語書寫的「清真言」字樣，有些人家門口也會寫「吉慶之門」。

在穆斯林的商店門口，你會發現掛著一幅印有湯瓶或念珠的圖案。穆斯林與非穆斯林之間互有誤解，他們之間來往較少。由於穆斯林對「以物配主者是污穢的」這段經文的認識不夠透徹，因此也導致他們固執地堅持不喝非穆斯林家裡的水。他們甚至認為不能買非穆斯林的雞蛋。不過他們極其惜命，他們幾乎接受了非穆斯林的所有習俗，蓄辮子、留指甲、裹腳、不戴頭巾，這一切都是非穆斯林的習俗。

關於中國穆斯林的情況就說到這裡，他們接受這些習俗是為了保全性命。

北京古城是中國的首都，也是皇帝（إمبراطور）的住所所在，這裡沒有新式建築，唯一吸引人的就是那些城牆。

皇宮的城牆是一道風景線。城牆為方形建築，邊牆寬度 5 米以上，周長 25 公里。牆面寬度 20 步，牆高 30 米。這道建於五百年前的城牆環繞著城市的主要部分，每道城門都設有一條通往城牆上的小道，非常時刻便可以跑上城牆。每道城門上面及每個城牆拐角處都設有軍事堡壘，並配有三到五班巡邏隊。這倒是另一番景象。（601）

如果想觀看北京城的景色則無需走街串巷，只需爬上城牆，沿著城牆走一圈，北京城的景觀即盡收眼底。因為城牆比城裡的任何一處院落都高，而城牆裡面往往被稱作老城。

這道城牆的東面還有一道城牆與老城的城牆相連，比較低，也沒有基座，有些地方已經斑駁坍塌了。上面的石頭也是常見的那種小石頭，老城牆的石頭是精心挑選的，每塊石頭長十尺，寬八尺，而且每年都會進行維修，懂行的人對這些石頭的價值甚是瞭解。

五百年前建造這道城牆的人是東方人，在歐洲人眼裡他們是野蠻的、未開化的，但在今天，就算散盡萬金也造不出如此偉大的建築。

四十八、德國人盜走的觀測儀

城牆中間偏北的地方有一處巨大的觀測臺，這個觀測臺與城牆在五百年前同期而建，上面配有鐘錶、各種觀測儀器及太陽觀測儀等，皆是紅銅鑄造。先不說這個觀測儀的科技價值，僅銅的價值就達數百萬。我不知道如何從技藝的角度去評估，我所知道的這些信息都是觀測臺的管事人告訴我的。觀測臺上（在歐洲人入侵之前）有一個半徑 5.2 米的純銅球體，（602）這個數字是管事人以中國的計量單位給我進行估算得出的，我並不懂中國的計量單位。然而，球是實體的，5.2

米的半徑，那肯定很大。說真的，他說的這些我也不是很明白，而且，感覺腦袋就如那銅球一樣嗡嗡地轉個不停。

1900 年，貌似文明的歐洲列強在協商瓜分圓明園的時候，大銅球便被德國盜走了。德國軍隊在盜取這個大銅球的時候，順手將很多科學儀器一併盜走了，對 20 世紀歐洲的文明來講無疑是一次新的輸血。事實上，當時德國在攻進這座城市的時候，觀測臺是第一個遭受槍林彈雨的地方，觀測臺上留存的一些儀器上至今還能看到彈痕。顯然，北京城沒能阻擋住侵略者的入侵，他們在北京城裡肆無忌憚地搶掠。這些侵略者們朝著皇宮和皇宮周邊的住宅區一路入侵，所到之處悉數被毀。諷刺的是，他們一邊進行著野蠻的掠奪，一邊標榜自己是 20 世紀的文明先驅。

他們將圓明園中所有的金銀細軟、古董古籍劫掠一空並帶回了歐洲，在北京城進行了為期三天的掠奪暴行，挨家挨戶進行搜尋。不過北京城裡的回民區得以倖免，原因是俄國和英國軍中穆斯林官兵的極力保護。北京城裡的穆斯林在歐洲列強攻打北京城的時候沒有一個棄城而去者，相反，他們團結一致共保平安，後來他們得到了其他穆斯林士兵的援助。而非穆斯林在敵軍攻城之前就已經逃之夭夭，皇宮無人保衛，皇帝（إمبراطور بوغديخان）也隨家人一同出逃。（603）

這位落魄的皇帝（إمبراطور）及其家人逃至北京城郊的一座清真寺時得救了，之後為表達救命之恩，他為那座清真寺親筆題寫了一道敕令，這道敕令至今還保存在這座清真寺裡。

我在聖彼德堡的時候，在俄軍軍官阿拉伊威爾·什紮因（الای ویره شجاعین）那裡見到過很多中國貨物。阿拉伊威爾將軍當時想出手那些貨物，我便為他尋找下家。那些貨物加起來應該有 600 件，阿拉伊威爾邊核對貨物名單，邊與買方商談價格。當時他的要價是 5 萬盧布，買方驗貨花了整整五天的時間，驗完貨給出的價目是 2 萬盧布。阿拉伊威爾對買方給出的價格不滿意，於是便繼續尋找買家。這只是一個俄國軍官的個人贓物，由此可見，其他將軍們的贓物該有多少！

　　我們繼續回到主題吧。觀測臺裡面還有一個鐘錶也是銅制的，此外還有一個方位儀。由於無法從觀測臺移走，因此劫掠者們也就放棄了。這兩個儀器保存完好，鐘錶的半徑有 7 腕尺。根據中國人的傳述，這個儀器緣於阿拉伯世界，而這個傳說通過鐘錶和方位儀上刻印的阿拉伯數字可以得到證實，不過儀器製造於 14 世紀的時間似乎有些說不通。在建造城牆之前，這兩個儀器被置於同一位置。我還觀看了一些其它古儀器，上面刻有漢語，不過沒搞懂它們的用途，據管事人說，那些儀器都是關於天文方面的。（604）

　　我好奇的是那個被德國人盜走的實體大銅球，五百年前的人是如何將這個龐然大物架在觀測臺上的呢？我看了一下被偷走的球體的位置上放著的球體，當然也是銅制的，不過那是空心的，大概有 174 公斤，也是用同樣的支架固定著，但是轉得很慢。那位管事人告訴我被盜走的球體手就能撥動。德國人盜走的東西遠不止這些，只是我們叫不上名字，因為那位管事人說的是漢語，而翻譯也沒有完全翻譯出來。

　　觀測臺的現任管事人是一位極其負責的老頭，93 歲高齡，據他講，他的祖輩們，尤其是第 14 代先人對天文知識十分精通。

　　以上就是我為讀者朋友們介紹的關於長城的相關情況。現在我來說說德國人聲稱要保護城牆的事情。德國人與英國使館達成協議，要在城牆上安排巡邏（但城已慘遭毀滅），他們盜走了所有值錢的東西，然後安排巡邏以防偷盜！這世上還有哪些民族能比這些人更偽善呢？他們將這個國家洗劫一空，放火燒了皇宮，然後設立崗哨防止紅鬍子偷盜。據說城牆上的每段城垛都極具藝術價值，而每個城垛值不少美金呢。如果在中國之外有人給我們講這件事，我們會以為德國人是藝術品的保護者，事實上，他們就是一群強盜，他們盜空了這個國家，但偷盜並沒有達到他們的要求，之後他們又以戰爭補償為名強迫中國政府支付數萬金銀。（605）

　　如此不知廉恥的民族世上罕見，不斷掠奪別國，不斷強迫索取所謂的戰爭補償。他們對於所到之國先是劫掠一番，爾後竟然派衛兵把守，以防他人竊取所剩之物。

如此荒唐之事，我們竟仍冠以文明之名。

四十九、北京城

北京是座古城，因此整潔有序的街道並不多見。不過，城牆裡面的街道整潔美麗，那裡設有很多外國使館，每個使館都建有自己的堡壘。尤其是英國、德國和俄國的使館，每個使館區都是一個獨立的小城市。而俄國的使館儘管占地面積很大，但裡面的工作人員不到 120 人，其中 40 人是士兵，其餘的都是使領館的電報人員。俄國使館就是俄國在中國的殖民地。

英國使館有很多印度士兵，部分人充當員警，我估計員警有好幾千人。日本人都是自己親自打理相關事務，其他國家的使館也很大，使館區的街道給人一種歐洲的感覺。

眾所周知，除了外交工作人員，每個使館都有基督教傳教士。這些人在北京編織了一張大網，像蜘蛛網一樣縱橫交錯。

中國的皇宮在城牆裡面，皇宮同樣也是一座獨立的小城。

除了使館街區，還有一些比較整潔的街道寬敞筆直，（606）不過沒有月臺、大型建築、商場。城市的城門很宏偉，它是這座城市的門面。

前面我說過該城的交通工具，這裡的大型交通工具都是畜力車。

當然還有很多擁擠的胡同，通道狹窄，兩個人很難並排行走，滿是泥濘，一旦下雨就寸步難行。至於北京的衛生，可以說伊斯坦布爾最差的街道都比這裡最好的街道乾淨，當然使館區的街道除外。

如果我們將伊斯坦布爾和北京做個比較，就衛生方面來說，它倆之間的差距如同伊斯坦布爾與柏林的差距。

關於這件事就談到這裡吧。

五十、北京的出版社

現在，讓我們來說說北京的出版社。這裡最大的出版社是一家伊斯蘭出版社，報社業務最廣的就是穆罕默德‧薩利赫（محمد صالح）經營的《愛國報》（ای ‐ قوباو）[1]。這家報社有一萬四千個訂戶，穆罕默德‧薩利赫的中文名字叫丁寶臣（تین‐باو‐تین）。

這個人只懂漢語，雖然也懂一點阿拉伯語，但遠沒有達到那種能讀會寫的水準，他所有的知識都是通過漢語學到的。這個報社的大多數人都堅持「中國人的中國」的政治思想，因此，這家報社很少轉載歐洲人的文章。（607）

還有四五家報社，一家傾向俄國，一家傾向英國，還有一家傾向日本。親俄報社的銷量大約有兩千份，報社的老闆是一位留俄青年。

親日報社的老闆是日本人。雖然現在的環境允許報社發表各種言論，然而作者卻不能自由發表言論。我曾經通過噶畢耶夫（غایبویف）的翻譯流覽過一些文章，我發現每位作者的言論都與自己所信奉的政策相一致。不過，所有的報導在鴉片這件事上態度是一致的。在北京的那段時間，所有報紙整天討論的唯一主題就是支援政府的禁煙決定。

五十一、鴉片

沉迷於鴉片是中國人最大的不幸。中國人無論大人小孩都吸食鴉片，鴉片讓中國成為一片廢墟，國破家亡。由於鴉片，男男女女自甘墮落。政府明白，要想救中國就要停止鴉片貿易，為此，他們採取了很多措施。

政府認為猛然禁絕鴉片可能會引起巨大的社會動盪，因此，便採取了一種循序漸進的策略。起初，政府要求工作人員慢慢戒食鴉片，假如發現某個工作人員

---

① 即《正宗愛國報》。

一年內吸食鴉片達到三次，就會對其進行六個月的停職處理。如果確定其已經戒掉了，則會官復原職，但條件是從此不再接觸鴉片。如果被發現一年內又吸食三次，（608）就會對其進行辭退處理，不再錄用。至於國民，則計畫在十年內徹底廢除鴉片種植。同時，中國政府還與外國人達成協議，尤其是同英國人之間簽署了英國不再向中國輸入鴉片的協議，因為印度是主要的鴉片產地。

通過這種方式，中國人將會禁絕鴉片。我在北京的時候，皇帝（إمبراطور）就此事已經下旨。起初所有政府人員都鋌而走險違反規定，他們要戰勝對鴉片的依賴需要付出很大努力，有些政府機構幾近癱瘓，有些報紙對此進行了詳細報導。

報紙的報導支持徹底禁煙的決定，只是呼籲採取多種方式。日報每天都在討論這件事。

《國民公報》（كورمن كومباو）支持政府對工作人員進行處罰的決定，這個報社以支持政府而出名，而《正宗愛國報》對政府的決議提出了一些批評。

五十二、故宮

故宮由城牆環繞，設有 14 道門。整個故宮我都逛過，裡面有專門的工作人員區，最讓我難忘的是圓明園，不過已經被歐洲人燒毀了，現在是一片廢墟。那些文明大國的官兵們盜光了裡面所有的東西，之後又付之一炬。（609）

火燒過的地方現在是一座花園，其面積相當於伊斯坦布爾艾哈邁德素丹的宮殿。

被火燒過的那片土地四周豎著四個石碑，上面用漢語寫著：「1900 年，歐洲列強入侵，萬千同胞慘遭屠戮。乘我們不備之時，侵略者將這座擁有六千年歷史的圓明園夷為平地，國人心如刀絞。捍衛家園者，英名永存。宮殿可毀，家園可破，四萬萬同胞猶存。」[①]

---

① 此處碑文內容為譯文，並非中文原文。

　　故宮裡還有很多古跡值得一看。從正門進去之後有幾座建築專門用來舉行相關儀式，每個建築物上都有一個巨大的畫像，但由於我不懂，無法對自己看到的這些東西進行評價，因此，我也就不做過多描述。我進故宮的目的就是為了觀看皇后，她於 1908 年 11 月去世，至今尚未入土安葬，而現在已經是 1909 年的 7 月份了。皇帝（إمبراطور）與皇后是同一時期去世的，而他在我來北京的前一個月就已經被安葬了。

　　我估算了一下，那些以陪葬名義而花費在她身上的東西，如果用來修建北京城，將會改善很多街道的狀況。人總是將造物主的恩賜肆意揮霍在一些無用的事情上，我不僅暗自感慨惡魔蠱惑了他們。

　　面對這種境況，我再去思考時，我便感贊真主將我引導在伊斯蘭的道路上，的確，如果穆斯林去世了，則三層白布裹身，很快入土，然後眾人為其祈禱。（610）

　　我見過很多圖片，內容有關故宮、葬禮儀式、故宮內外狀況、北京城等，但我沒有那麼多錢購買。不過話說回來，這些圖片對於穆斯林來說益處不大。

　　我們現在已經看不到故宮的輝煌了，在皇帝（إمبراطور）四歲的時候，也就是他父親執政之時，據說故宮一片繁華盛景。

　　中國的王位繼承不同於歐洲在眾多嗣子之間相傳，也不同於俄國傳給家族中的長者，而是傳給親生兒子。我對中國的皇室體系不甚瞭解，不過現在皇宮的地位沒有以前那麼顯赫了。過去，皇宮具有神聖性，凡是進去的人都要挨門磕頭，直至見到皇上（إمبراطور），而且這是必須要行的禮儀。直到後來，一些外國使節拒絕行此大禮，皇帝（إمبراطور）才取消了這種禮儀。不過沒過多久，皇帝（إمبراطور）又再次強行恢復了這種禮儀。1900 年戰爭之後，外國使節再次拒絕執行這種禮儀，皇帝（إمبراطور）不得不對外國使節破例，而對於他的臣民則不然。之後，這種禮儀就成了中國人的傳統。宮殿有很多門被認為是神聖的，每當進入的時候，他們都要磕頭。我因為拒絕行這種禮儀而被拒絕入內，因此，我所看到的事物，在某種程度上來看都是表面現象。

五十三、北京的土耳其學校

在我從伊斯坦布爾給身在北京的阿里‧里達寫信之前，他已經在北京辦了一所小學，裡面有一百多個中國學生，跟他一起的還有一位叫哈菲茲‧哈桑的人，（611）他倆在此教學一年後就離開了。在哈菲茲‧哈桑返回伊斯坦布爾時，阿里‧里達也去漢口（خانقو）了。這兩人離開時，學生和老師痛哭流涕，因為他倆教學的那一年收效很大。小學的管理者至今還提起他倆。小學至今尚存，學生也正常上課，不過全是漢語教學。有一位阿拉伯語教師，但他的存在似乎沒有什麼意義。

阿里‧里達為清真寺滿拉上課，可以說是土耳其人奉獻精神的一種體現。北京的呼圖白演講中還提及哈里發的名字，據說以前穆斯林對哈里發的名字都很熟悉。現在，穆斯林在每個主麻日的呼圖白中聽到哈里發的名字的時候都會為他祈禱。在北京一些農村的清真寺裡還會聽到素丹穆罕默德‧汗的名字。幾百年時間過去了，中國的穆斯林都已忘記一些大伊瑪目的名字，阿里‧里達再次喚醒了他們的記憶。

我沒能與阿里‧里達遇面，我也不認識他，但他離開北京這麼重要的地方讓我很是震驚，不過欣慰的是，已經有人邀請他返回北京繼續任教。

穆夫提阿布杜拉赫曼找過我好幾次，討論辦學的事情，他的談話讓我非常感動。

我在北京四處遊覽，每天都早出晚歸。有一天，在一位滿拉的陪伴下我參觀了牛街附近的一座非穆斯林宗教寺院，我之前從中國的穆斯林那裡就已經聽過很多關於這座寺院的故事。當我們到達那裡時，正巧寺院門前站著一個人，我便上前問他是否可以進去看看。聽我這麼一問，他說要向主事請示，說完便轉身進了寺院。過了一會兒，他出來說我們可以進去，於是我們跟著他進了寺院。（612）

從寺院外觀來看，這是一座很古老的建築。我四處觀察，發現有些地方是鎖著的，由於宗教原因我們不能進入。當然，我也就不便多叨擾他們了。參觀完後，寺院喇嘛（لاما）請我們去喝茶，我也沒有多想，便跟著他去喝茶了。

我的興趣並不在喝茶上，而是想跟他探討幾個問題。我問他：

—— 你能給我們講講這個寺院的歷史嗎？

—— 這個寺院的歷史可以追溯到阿拉伯使節到訪中國之時，那是 1300 年前的事了。

—— 阿拉伯使節？

—— 這是中國歷史上非常著名的大事。阿拉伯國家的一位名叫宛嘎斯的使節來到了我們這裡。他來到了東京[①]，並在那裡住了一段時間，他的一位隨從就埋在那裡。據說當時中國皇帝（خاقان الصين）召見了他，並向他表達了自己歸信伊斯蘭教的願望，不過那時候朝中人心惶惶，皇帝（ملك）[②]後來也就作罷了。

這段歷史出自中國歷史學家王岱輿（واك－دای－يو）的《性理》（شيكلی），而《性理》中的內容被中國人認為是最可靠的記載之一。《清真大學》（جيك－جاك－تاشو）中對此也有表述。

—— 你說的對，這個傳述有可能是對的，因為有些歐洲歷史對此也有詳細記錄。不過阿拉伯歷史中沒有關於派遣使節到中國的記載，而且，穆聖時代所有派往外國的使節都有詳細記載。既然歷史書籍中沒有任何關於使節到訪中國的記載，那麼類似這樣的信息是不可信的。（613）

—— 你說的對，在歐洲人看來他們所作的都是對的。但是我們都知道，中國人對於謊言是不會相信的，尤其是這種不涉及利益瓜葛的事情。可是，杜撰這樣的信息有什麼好處呢？

諾亞方舟在歐洲人的歷史中有記載，但中國的歷史中卻沒有，因此，我們可以說諾亞方舟不存在，但我們不能說歐洲人的歷史記錄是假的。

---

① 　可能指開封。存疑。
② 　阿文譯本中的「ملك」，奧斯曼土耳其文版中為「خاقان」一詞。

我覺得這個話題再聊下去也沒什麼意義，於是我又問他：

—— 你對佛教的發展有什麼看法？

—— 佛教是由印度傳入的，在西藏得到了延續和發展，假如西藏淪陷，那麼佛教也就面臨著消亡。尤其是基督教傳教士，號稱他們的文化更先進，而他們也在侵蝕著佛教的根基。他們有兩個武器：金錢和刀劍。憑這兩件武器，他們會一點一點蠶食西藏，而中國也就隨之慢慢被分解了。

就這樣我們邊喝茶邊聊。過了一會兒，我們辭別喇嘛回到了住處。回來的路上，給我們做翻譯的那個滿拉問我：「你怎麼能喝非穆斯林的茶呢，他們是非穆斯林，不乾淨……」。

這句話對我來說如同晴天霹靂。中國的穆斯林竟然引用「以物配主者是污穢的」。這段經文拒絕任何來自非穆斯林的東西，他們不與非穆斯林一起吃喝。瞧瞧！世界上竟還有這樣的穆斯林！

中國的穆斯林一方面非常無知，另一方面又對宗教尤為恪守，這讓人捉摸不透。在來北京的路上，路過一個車站的時候我想買個雞蛋，突然跑過來一個中國人，我並不認識他。他對我說：「不要買，不要買，那是卡菲爾的東西。」我想他是想說不能吃卡菲爾的雞蛋。他從我手裡拿過錢，從一個穆斯林手裡給我買了雞蛋。（614）我在想，非穆斯林的雞蛋和茶葉沒什麼問題啊。不過他們的一些反應讓我也明白了一些事情。我當時就想難道這是一種偏見？但是，當我再次對非穆斯林進行觀察時，我對自己說穆斯林是對的。我甚至在心底呼喊偏見萬歲，因為非穆斯林更偏執，他們如果踩到了穆斯林的影子就要沖洗全身。總之，中國人性格堅毅，但也易怒，有時甚至為了雞毛蒜皮的小事而大打出手。

五十四、北京的天氣

　　我並不是氣象學家，不過我覺得北京的氣候相當適宜，氣溫介於 35-40 度之間，有時也會有大暴雨。之前沒聽人說過北京會有瘟疫，當我打聽的時候，他們說在這之前是沒有的。

　　北京城內樹木成行，花園遍地，樹上碩果累累，不過果子的味道相對差了一些。布哈拉的水果比這裡的好吃多了，伊斯坦布爾的水果味道也很可口。新疆有一種蘋果不知道是什麼品種，味道很獨特。水果看著都一樣，味道卻相差很大。中國似乎沒有什麼特別美味的水果，日本也一樣，儘管有很多種花，但聞著並不香。自然界的差異真是神奇！

　　北京很難找到淡水，淡水資源很稀缺。北京城內外也沒有一個特別漂亮的公園，唯一的美景就是長城，但是長城上滿是外國人。如果碰巧趕上下雨，街巷行走極為困難，這時候你會發現人們都在城牆上面行走。（615）

　　中國有很多有趣的地方，他們稱之為戲園，其實裡面幾乎看不到什麼戲，只不過是一些人在彈奏樂器，一些姑娘圍著桌子邊跳邊唱罷了。戲園裡面的很多地方十分髒亂，進去時的乾淨衣服，出來就成了髒衣服。

五十五、北京的外國人

　　北京的外國人不是很多，可以說幾乎沒有外國人了。外國人有專門的街區，那裡有很多外國使館、三家銀行、兩家商場、一家大藥房。當然，北京還有兩家外國郵局，一家俄國的，另一家是日本人開的。除此之外，還有一家賓館和兩座教堂。其他幾條街道上也有一些外國店鋪，不過大型店鋪不超過 10 家。

　　北京有一些固定的客商，其中有一小撮馬戲團演員經常表演馬術，我曾在兩個地方遇到過他們。

如果把日本人也算在外國人之列，那外國人的確很多。商人中最多的就是日本人，他們有自己的銀行、賓館、飯店及旅館。

外國人在北京的業務不是很多，事實上就整個中國來看，他們的業務也不是很多，因為所有中國人都穿中式服裝，中國人的這種衣服都是自產自銷。中國人使用的所有東西幾乎都是自己生產的，他們甚至不需要從外面進口。沒有人能和中國人在產品方面競爭，因為他們的產品太便宜了。（616）

也沒有中國人願意購買外國產品，在這一點上，中國人比日本人更具民族性。

我並不是說中國不會從國外進口貨物，只是他們進口的貨物並不是常用性的，比如火柴、糖果、紙張之類。這些都不是生活必需品。

我想這可能就是外國商人比較少的原因，我在前文提及有很多印度人，但他們的存在是服務於英國的政治利益。也不是說印度人很多，而是其他國家的人太少了，因此，如果我們將北京的外國人同埃及、敘利亞和伊斯坦布爾的外國人口作比較，那麼這裡的印度人也就算不上多了。所以，北京的外國人對北京的影響是微弱的。

五十六、我的北京使命

前文已述我來北京的目的，我的所有行動幾乎都圍繞此目的進行。對我來說，一開始就要好好利用各種渠道獲取我想要的信息。要知道我一直覺得中日雙方一直處於敵對狀態，因為中國人已經在全國公開宣布禁絕購買日本產品。這種狀況下，我如何對自己的使命進行闡釋呢，又能對誰去訴說呢。我花了好幾個星期的時間去探求解決這種困難的方法，經過不懈努力，我終於在一些清真寺的伊瑪目那裡找到了方法，而我曾一直以為他們是一群無知之人。後來我在《正宗愛國報》上發表了一片文章，這個報刊是北京最有名的報紙。（617）當時的題目叫《東方人的東方》。這篇文章當時引起了很大的社會反響，報社對這篇文章也進行了轉載。

五十七、東方人的東方

毫無疑問，對每個生命而言，生存和養家糊口是第一位的，這是自然法則。君子愛財，取之有道，從不欺壓鄰里鄉親。學者、法官也一樣，不可侵吞他人財產。因此，每個人都應按照合理的渠道獲取屬於自己的東西，不應霸占他人之物。對於貪圖他人財物者，或晝窺夜盜者，當繩之以法，以示懲罰。

這樣的法律是公正的，可視為憲法。如果學者們要尋求一種法律，那麼這樣的法律便是他們應當尋求的。

但是，當我們審視周圍發生的事情，不禁疑惑重重。東方是我們的家園，卻在遭受西方人的入侵。盜賊正在我們的家園行竊，就在我們的眼皮底下偷盜。幾百年來不絕如縷，留給我們的只有悲痛。他們利用我們的無知和軟弱，強迫我們接受他們的一切，劫掠我們的財富。假如我們拒絕，他們就以槍炮相逼。所到之處，寸草不生，成千上萬的生命慘遭屠戮，還要求我們給他們賠款。（618）他們對我們橫徵暴斂，似乎戰爭是我們引發的。他們在我們的土地上大肆掠奪，讓我們連一絲喘息的機會都沒有。數百年來，他們一直在壓迫亞洲人。

看一看今天的印度，看一看土耳其，再想想整個東方人的命運，我們就會明白，終有一天，東方人會成為西方人的奴隸。我們會在他們的施捨中苟活。俄國已經在侵吞土耳其，也即將吞併蒙古，並將新疆已看作他們的囊中之物。英國人意欲占領西藏，東京[①]也將成為法國人的屬地。這些都是他們計畫中的事情。歐洲人已經瓜分了伊朗和近東，他們會將瓜分別國的想法付諸行動，並正等待時機。

西方人的目標就是犧牲東方人的一切來滿足他們的利益訴求。他們起初以公正粉飾，當得到自己想要的一切之後就忘記了公正，也將人文情懷拋之腦後。1900 年

---

① 可能指開封。存疑。

的布拉戈維申斯克事件（بلاغوویشیسکی）①剛剛過去不久，他們將中國人，包括孕婦和襁褓中的嬰兒統統丟進阿姆河，積屍成橋，河水斷流。我們曾親眼目睹過那種慘狀，現在又要遭難。他們行為殘暴，禽獸不如。如果我們這一代人遇不上，那麼我們的下一代將會遭難。我們要有清醒的認識，要想辦法阻止這種悲劇的發生。他們正在計畫將黃種人趕盡殺絕，每個有思想的人都能看到這一點。（619）我們東方人只能靠自己來保護自己。

我們祈求西方人的憐憫，但西方人是不會憐憫我們的。我們只能靠自己，我們自己才是我們的拯救者。我們是可以的，西方人的武器無非就是相互協作，我們也能做到。在這最黑暗的時刻，我們必須團結起來，保護我們的合法權益。對於東方人來講，除了團結協作別無他法。

崛起中的日本五十年前還是一個諸王爭霸的時代，他們的主要威脅是朝鮮人。但是，當他們後來團結起來時，竟打敗了號稱世界最強的俄國，並保護了自己在朝鮮人那裡及滿洲里的權益，從外國人手中解救了自己的國家。日本是東方最小的國家，人口也最少，但他們就是靠團結保全了自己。

東方的團結不應當僅停留在東方，還要聯合西方人，因為西方人如果持續進行侵略，那麼整個東方都會受到牽連，到那時，東西方之間的戰爭會比十字軍東征嚴重得多，後果將不堪設想。

法律和東方聯盟協議是未來的保障。

7月12日的《愛國報》中刊登了一篇我的文章。在這篇文章中，我為讀者朋友們簡要闡釋了上述觀點，其中關於聯合計畫也一併刊登出去了，不僅在中國人中引起了廣泛熱議，甚至歐洲的一些報刊也進行了轉載。（620）

---

① 又稱海蘭泡事件。

當時在一份用漢語寫給日本方面的信中這樣寫道：「伊布拉欣來北京有一些日子了，在俄國他就已經是一位自由的捍衛者，在《愛國報》中他寫了一篇關於東方人團結起來的文章，俄國大使對此非常震驚，並向布特拉斯堡進行了彙報。

東京①的一些報社對這份信進行了全文轉載。第二天，我收到了來自東京②的電報，信上叮囑我要注意安全，以防不測。

不過，我並未退縮，仍然在北京四處走訪，進行宣講。

五十八、北京的印度穆斯林

星期五的那天，我正在北京牛街清真寺裡坐著，身邊圍了很多滿拉。這時走進來一個男子，歐洲人打扮。他向我們道過賽倆目後便問道：「你們中有人會說阿拉伯語嗎？」我看了看他，一個很普通的人，身邊帶著一個中國侍從。不過我們相互認識之後就成了很好的朋友。他的名字叫穆罕默德・哈尼夫（محمد حنيف），聊了一會兒，我們便起身禮拜了。

主麻日，中國清真寺滿拉的傳統是集體大聲誦讀「山洞章」③，我們那天進去的時候他們正在念誦這一章。這是穆罕默德・哈尼夫第一次走進中國的清真寺，他聽了一會兒便問我：

—— 這些人念的是什麼？

—— 山洞章。（621）…

—— 不對，這一章我會背誦，但他們念的內容我連一個字母都聽不懂……

---

① 日本東京。
② 日本東京。
③ 《古蘭經》第 18 章。

就這樣，我倆靜靜地聽著。

禮拜結束後，穆罕默德・哈尼夫隨我一同去了我的住處，他很生氣地說道：「你說，這是什麼呼圖白？『山洞章』哪有這樣讀的？這是什麼誦讀法？你怎麼會在那裡？你怎麼能夠忍受這樣的事情呢？」

我沉默了一會兒對他說：「你以為我是誰呢？朋友，你我都是外國人，一個外國人能做什麼呢？總之，穆斯林對伊斯蘭教越來越陌生了，我們看不到自身的錯誤，是我們自己的無知所致。」

我問他：「你為什麼穿成這樣呢？印度歐萊瑪都是這樣的打扮嗎？」

經過一番討論，我們竟成了好朋友。他告訴我他哥哥在英國駐北京使館工作。後來我見到了他哥哥，並從他那裡瞭解到了很多信息。他的哥哥名字叫穆罕默德・熱菲戈（محمد رفيق），來北京已經 10 年了，在英國學校接受過教育，會說漢語，對國際政治有相當的研究。後來經過他的引薦，我又認識了很多人。

五十九、中國的省分

走遍中國所有的省分需要兩年多的時間，花銷也會高達數十萬，如果再進行寫作，會寫很多卷本。不過，這不是我此行的目的，也超出了我的能力範圍。我對中國省分的瞭解是比較粗淺的，但我此處描述的關於中國相關省分穆斯林的情況是我親眼所見。（622）我閱讀過很多歐洲人關於中國穆斯林的著作，包括羅波爾夫斯基（روبروفسکی）、拉德洛夫、巴塔寧（باتانين）及其他人的著作，但其中的記載我在中國一樣都沒見到過。這些人的著作中沒有提及任何關於庫布努爾（کوب نور）東南部的突厥人的情況，那裡大多數地名與河名都是突厥語，如給孜里（قزیل）、考魯克達額（قوروق داغ）、烏沙葛達里（اوشاق دال）、稍熱圖茲（شورتوز）、稍熱布拉格（شوربولاق）、圖古斯恩（توقسن）等等，這些突厥語名稱證明很久之前這裡就有了突厥人的跡象。

但是現在那裡的居民都說蒙古語，大多數居民都是非穆斯林，我認為這些無法遮蓋他們作為突厥人後裔的痕跡。他們的語言隨著時間的流逝業已消失，力圖（ليتوه）的塔塔爾人語言中沒有一個塔塔爾詞彙。我想這類突厥人都已去中國南方的漢口一帶了，滿洲里的西部可能也有一些。因為在漢口附近有一個地方叫烏茲恩布拉格胡圖葛（اوزون بولاق حوتق），還有一條名為達里布拉格給孜里（دال بولاق قزيل）的河，毫無疑問，這些都是突厥語詞彙。要知道歐洲地圖上的很多名稱都是字母拼寫的，如流經雲南（يونه ن）和上海的長江，中國人叫揚子江（يانجيان）。這個名字原為「楊吉」（يانجى）和「昂」（انغى）兩個詞的組合，意為從右到左。當然了，河水都是從右到左流的，中國人將這兩個詞合成了一個詞即「揚子江」。再如南京（نانكين），也是由兩個詞組合而成，其中「南」（نان）是波斯語，意為「大餅」，而「京」（كين）是突厥語，意為「流動」。包括南京北部一條叫阿克蘇（اق صو）的小河及一個名為古爾班納爾（قربان انغر）的小湖，這一切都表明這些地方與突厥人有著一定的淵源關係。（623）

蒙古地區南部自西寧（سينين）城向南的省分，東邊的甘肅省（قانصو）、陝西省（شانصى）到撒拉人的地方，雲南、四川（صى جوان）都有突厥民族的痕跡，他們中的大部分人只講突厥語。

特別是巴燕（بايان）和群科（جونغى）[①]兩地基本都是突厥人，他們所從事的職業是突厥人所熟知的。打鐵、鑄銅和兵器製造的手藝，都是突厥人自古以來熟知的手藝。甘州、蘭州、肅州等地較為富庶，那裡能見到外國商品，日本、英國、德國的貨物都有。當然，俄國的貨物也有。

這些地方被認為是中國的中部地區，而且也是建築最多的地方，人們都認為嘉陵（جاغرين）、巴陵（بارلين）、提通（تيتون）[②]一線的流沙河中有大量金子。1899年，一群淘金人憑藉最原始的工具在三個月內淘到了 36 公斤黃金。他們是一群職

---

① 今化隆縣境內。

② 地名待考。

業淘金人，淘金的時候，他們還撿到了一塊 6 公斤的黃金。不過，政府對此類活動是禁止的。

　　毫無疑問，突厥人對中國很多省分的影響有著久遠的歷史，很多山川河流的名稱就是最好的例證，例如海德格庫里（هايدق كول）、克尤克尤拉格庫里（الغى）、和吐熱奧特（كيوك يوللق كول）等山名，烏吉（اوجى）、艾里額伊（ترغاوت）、庫吉克尤里德子（كوجك يولدز）、塔什干因（تاشقاين）、庫姆達額伊（قومداغى）、庫姆丹熱亞（قوم دريا）和額吉格布里德格（اجيق بولدق）等河名以及其它一些地名都是例證。（624）

　　庫布努爾地區南部有很多地名都源於突厥語，儘管那裡幾乎沒有一個人能講突厥語。如白什布拉格（بش بولاق）、布林圖（بورتو）、艾里娜姆什布拉格（النمش بولاق）、貢嘰丹熱亞（قونجى دريا）、吐熱力（تورلى），不過現在這些地方統稱新疆。此外，還有一些地名如依拉科薩維（ايلاك صوى）、剌津（لاجين）、阿里屯套（التون طاو）及賈思幹（جاسقان）等都是突厥語名字，而且其中有些地方與西藏相接。

　　甚至在唐古特（تانغوت）地區也有很多突厥語地名，如甘格提庫里（جامغورلى）、薩里蘇（صارى صو）和嘉木烏熱里（قاقتى كول）。①

　　庫布努爾南部地區有一個叫圖蘭特（تولانلت）的民族，在西伯利亞的圖布里蘇格（توبولسق）和圖木蘇格（طومسق）地區也有分佈，不過西伯利亞的那部分大多數是穆斯林，而唐古特的這部分都信奉佛教。

　　我本想多瞭解一些這方面的情況，奈何心有餘而力不足，只能就此作罷。

---

① 上述三段提及的地名包含很多突厥語地名特有詞彙，如庫裡（湖泊）、布拉格（泉水）、達熱亞（河流）、塔什（石頭）、蘇（水）等。

　　我轉的地方不算太多，大多數時間都耗在了北京及其周邊地區，不過我敢說我是第一個遊歷中國內地並對這些地方的情況做了直接記錄的穆斯林。很多歐洲人都妄稱自己走遍了中國，但我想說中國不是那麼容易就能走遍的。

　　我是俄國人，去過俄國的很多地方。估計沒人像我一樣遊覽過俄國，可就算這樣，還是有很多地方我沒去過，很多民族我仍然不瞭解。我出生在俄國，在俄國長大，那裡有超過一億四千萬的人口，我走訪過很多地方，尚且不瞭解，（625）更何況像中國這樣一個有著四億人口的國家，如何在幾個月或一兩年內就妄稱對其很瞭解呢？因此，我想對讀者朋友們說，儘管我在中國，但對中國的瞭解還是很少。不過話又說回來，我再次強調我是第一個有幸遊歷中國內地並用心收集資料的穆斯林。

　　毫無疑問，以後會有很多年輕人來中國，會一步一步走遍中國，也會著書立說，我的這本書也將會成為書架上的古卷之一。不過，現在我的書是最新的版本，據說伊本・白圖泰（ابن بطوطة）在伊曆 734 年——早我 590 年的時候來訪中國，葛瓦目丁・席布提（قوام الدين السبتى）也來過中國，關於伊本・白圖泰我已說過很多，當然，六百年前，他的旅行無疑是非常偉大的。此處，對於他的旅行事蹟我略做說明。

　　伊本・白圖泰（願真主喜悅他）經印度（الهند）至中國，途徑爪哇島（جزيرة جاو），後經蘇門答臘（سومطرة）到塔瓦里斯①（طواليس），但現在已經找不到這個城市了。如果我們仔細斟酌他所說的中國即「突厥人長相的男子，漢人長相的國王」時，有可能指的是東京②。因為他說「男子孔武有力，長相俊美；女人騎馬善射，作戰與男人無異。」

---

① 馬金鵬譯《伊本・白圖泰遊記》，華文出版社，2015 年，第 394 頁，「塔瓦利西，是該地區素丹的名字」。而伊布拉欣認為塔瓦裡斯（即塔瓦利西）是該地區的名字。

② 可能指開封。存疑。

之後他從那裡去了凱魯凱爾（كيلوكرى）港口（這個港口現在無處查證），那裡的女王邀請他同席入座（626）並對他說「حسن مسن يخشى مسن، خوشميسن، يخشيمسن」（這是突厥語，意為「你怎麼樣，還好吧？」）

這句話與俄國塔塔爾人的語言幾乎一樣，只是我們塔塔爾人不說哈賽「حسن」而說伊賽「ايسن」，我認為我對此事的判斷是準確的。

後面他寫道女王命侍從拿來筆墨寫了「泰斯米」。

伊本·白圖泰稱這個地方為塔瓦里斯，並指出從這個地方至中國，一路上氣候非常適宜。之後，僅 17 天的旅程他就到達了中國，還碰巧經過了賽布熱（سبر）河口，並說這條河的源頭在大都（خان بالق，汗八里格）城附近的叢山之中。

之後他又寫道，中國的國王是成吉思汗家族（سلالة جنكيز）的塔塔爾人，中國的所有城市都有穆斯林和清真寺。他說到達的第一座城市叫剌桐城（زيتون）（現在沒有這個名稱，如果我們尋找他所描述的那座城市，那麼極有可能就是上海），因為他說這座城市的港口可以停泊數百隻船，是世界上最大的港口之一。

伊本·白圖泰說他見到了穆斯林法官塔准丁·拉德威里（تاج الدين الردويلى），還見到了伊斯蘭長老（شيخ الاسلام）克瑪魯丁·伊斯法汗尼（كمال الدين الأصفهانى）及商人舍熱夫丁·大不里士（شرف الدين التبريزى）。

之後他由該城出發去中國之穗城（صين الصين），他稱那是隨尼克蘭(صين كلان)[①]，每個中國城市裡面都有伊斯蘭長老及法官（قاض）處理穆斯林事務。

---

① 字面意思為「大中國」或「大穗」，指廣州。見馬金鵬譯《伊本·白圖泰遊記》，華文出版社，2015 年，第 400 頁，「中國穗城，那裡也叫作秦克蘭。」對此問題，李光斌做過很好的總結和討論，分別見李光斌譯《異境奇觀——伊本·白圖泰遊記》（全譯本），海洋出版社，2008 年，第 537 頁注釋②和 538 頁注釋②。

　　最後，他到達了一個沒有城市的地方，而在他與「雅朱者」和「馬朱者」壩①之間還有 60 天的路程……（627）

　　伊本・白圖泰坐船航行了 27 天最終抵達隨尼克蘭城（沒有這個名稱的城市，有一個發音相似的名為四川的地方）。他提到布尤姆・固特麗②（بيوم قوطلى）和干江府③（قنجنفو）兩個城，之後又提到了杭州（خنسا）。他說：「這是我見過的最大的城市。」他借宿於埃及人奧斯曼・本・阿法夫（عثمان بن عفاف）家裡，那裡清真寺很多，穆斯林人數也很多，當時的籂海叫費赫如丁（فخر الدين）。那裡有很多說突厥語的人，他在那裡待了 15 天。他所說的這個城市很可能是南京（نانكين）。

　　他還說那些人經常說 「阿塔」（اتا）和「塔衛」（طوى）兩個突厥語詞彙。最後他還提到了喀拉和林（قاراقرم）和別失八里（بش بالق）地區，這些地方的名稱都是突厥語，而且「亞撒格」（ياصاق）（意為禁止）也是那裡的常用語。以上就是我關於伊本・白圖泰的相關解析。他的旅行貢獻在他那個時代毫無疑問是很偉大的，我想說的是他的遊記中提到中國東部地區仍然留有突厥人的痕跡，因為那裡有很多學者的名字如馬格里布（مغربى）、伊斯法罕尼（أصفهانى）、密蘇爾（مصرى）、設拉子（شيرازى）等等。

---

① 「雅朱者」和「馬朱者」是《古蘭經》裡面提到的兩夥人。關於雅朱者和馬朱者壩，李光斌做了詳細注釋，見李光斌譯《異境奇觀——伊本・白圖泰遊記》（全譯本），海洋出版社，2008 年，第 545 頁注釋②。

② 馬金鵬譯為「拜旺・古圖魯城」，並認為它音與鄱陽相近，地位亦合；李光斌譯為「白沃姆古特魯」，認為它是杭州與泉州之間的一個小鎮，但尚未證實。分別見馬金鵬譯《伊本・白圖泰遊記》，華文出版社，2015 年，第 403 頁，「拜旺・古圖魯城」及注釋②；李光斌譯《異境奇觀——伊本・白圖泰遊記》（全譯本），海洋出版社，2008 年，第 548 頁注釋①。

③ 「幹江府」或「鎮江府城」，分別見馬金鵬譯《伊本・白圖泰遊記》，華文出版社，2015 年，第 402 頁注釋①；李光斌譯《異境奇觀——伊本・白圖泰遊記》（全譯本），海洋出版社，2008 年，第 547 頁注釋①。

現在已經沒有了如他們那樣的學者了，而且他們說的突厥語也僅剩「亞撒格」一個詞了。當然，突厥人還有，不過他們基本上都已漢化了，宗教知識上的無知加速了他們的漢化，他們的突厥特徵所剩無幾，漢化已成常態了。

你會發現今天的俄國，有很多人的祖先可以追溯到馬克托魯夫家族（مقصودوف）、卡沙耶夫家族（كاشاييف）、因格里基夫家族（ينغالجف），或其它一些家族。他們都是三百年前或更早時候信仰了基督教後成為俄國人的，此外，還有很多人的祖先是塔塔爾人，他們只是不知道而已。（628）

我認為這樣的事情在中國也是存在的，因為中國有很多人都有著突厥淵源，不過，只有當他們開口講突厥語的時候你才能意識到這一點。

從伊本・白圖泰那裡我們可以看到當時中國穆斯林中有很多篩海、法官、學者，但現在這樣的稱謂一個也沒有了，中國穆斯林只知道阿訇這一個稱謂了。

在中國，有很多阿拉伯文經書已譯作漢語，這些翻譯家肯定對阿拉伯語非常熟悉。

但現在真正掌握阿拉伯語的人沒有幾個，南方地區更是沒有，甚至連一個歐萊瑪式著裝的人也看不到，如果我們以俄國或其它國家穆斯林的標準來衡量中國的穆斯林，那麼很多省分的穆斯林讓我們感到失望，沒人會願意跟從他們。

中國東南一帶，如上海、漢口、廣東和香港等地的伊斯蘭教狀況，包括滿洲里的伊斯蘭教狀況讓人歎息。如果任由這種情況繼續下去，那麼不超過二十年，基督教傳教士就會將這些穆斯林轉化為基督徒了。

六十、中國的基督教傳教士

傳教士如昆蟲一般佈滿中國大地。不管是山裡還是川裡都能看到他們，他們一旦發現空隙，便會馬上行動，並藉此逐漸建造出一個屬於他們的據點。世界上沒有那個國家的基督教堂的數量能超過中國的基督教堂的數量，特別是四川、雲南等地，

不管你去哪裡都能看到基督教教堂，多如蜘蛛之網。（629）他們之所以雲集到這些地方，其目的就是阻止伊斯蘭教進入西藏。因為雲南、甘肅是西藏的門戶，因此他們想盡一切辦法阻止伊斯蘭教進入西藏。著名旅行家拉德洛夫曾告訴我說基督教傳教士也許會追殺我，其實他所說的事情我曾親眼見過。事實上，基督教傳教士不管在哪裡都是伊斯蘭的對手。

不過話說回來，基督教傳教士在中國建的教堂如蜘蛛網一般密密麻麻，隨處可見，等到中國人要拆除這些教堂的那天將會血流成河。就算會是這種結果，中國人仍然會拆除的，因為基督教傳教士並不是真正的傳教者，他們只是披著宗教的外衣。說白了，他們是在為新的十字軍之戰做宣傳。

二十世紀的文明充斥著助推新十字軍戰爭的種種因素，因為，世界上大多數人都在極力利用自己的宗教、科技、政治、外交渾水摸魚，數百萬人正如瘋子一般為一小撮人的利益而戰。

六十一、中國人的天性

中國人無論穆斯林還是非穆斯林，習俗和長相都一樣。儘管宗教不同，但從外表上難以區分。

中國的穆斯林人口有八千萬之多，很難從習俗、道德觀念、生活方式上將他們與非穆斯林區分開，（630）而中國新疆的喀什噶爾人（كاشغر）、東干人（دونكان）、塔蘭奇人（تارنجه）、六城人（آلتی شهر）中的突厥人總數超不過一千兩百萬，而其它地方的突厥人已經同漢人相互融入，沒有了民族特點。就連那些操著突厥語的民族，遵行的也是非穆斯林的習俗。滿人也已經漢化了。

我個人覺得中國人的民族偏見超過了其它所有種類的偏見，這就是中國人。留辮子、穿長衣服、留長指甲是他們的民族特徵，就如歐洲的中國使節絕不會改變自己的著裝，他們以自己的著裝為傲（而土耳其人到歐洲則羞於戴自己的氈帽，代之以圓帽）。中國人處處彰顯自己是中國人，中國人的民族自豪感非常強，甚至在穆

斯林中達到了一種以犧牲部分伊斯蘭教規定而恪守無知的程度，如女人纏足會妨礙她們履行伊斯蘭最重要的一項功修，他們心裡清楚，但還是選擇了無知的恪守。裹足的女人很難進行禮拜（她們甚至難以站立）。還有一些非穆斯林習俗，我會在後面提到。

儘管如此，但他們對宗教的堅守還是值得稱讚的。如果需要的話，他們會捨命保教，捨盡家產也在所不惜。這樣的事情在不久前就發生過，衝突也許還會持續一段時間，保教鬥爭總是不斷重複著。

1895 年至 1896 年間的東幹人和撒拉人起義就是為了保教，（631）而那時非穆斯林也借機燒毀了很多清真寺。中國穆斯林對宗教的捍衛值得稱讚，這也是中國穆斯林對政治權益的爭取。

我在北京周邊轉了一陣子又回到了北京城內，因為寫給日本朋友及家人的信件只能在北京寄發。在北京期間，我盡力接觸了一些當地的社會名流，也接觸了一些外國使館工作人員，以便瞭解他們的想法。

我終於見到了俄國使館的拉伊長官（軍務長官），我們聊了很久。接下來，我就說說他的一些觀點。

六十二、中國的前景

如果不是歐洲人搞鬼，那麼中國對我們來講是非常有幫助的。中國人勤勞，他們能夠在很短的時間內製造出很多兵器，中國很富庶。儘管中國政府目前負債累累，但中國對歐洲在經濟方面仍然起著很重要的作用。現在的中國政府不從外面借債了，轉向內部周轉。如果天津和上海能實行內部借貸，中國政府就不缺錢，這兩個城市商人的團結非常重要。目前中國政府正努力遊說這兩個城市的商人，如果成功，內部借貸金額將達到五億。

中國現在的常備軍有 40 萬，配有現代化的裝備，如果借貸成功，中國政府就能在兩三年內發展到百萬軍人。（632）如果照這樣發展下去，日本將會成為俄國長期性的威脅。此外如果中國軍人能得到一兩個月現代武器使用方面的操作訓練，他們就很快會成為使用現代武器的軍隊了。

中國人學習技能的能力是眾所周知的，因為鐵路工作人員和服務人員都是中國人，歐洲有很多中國學生和軍官，而且十年後，中國高校畢業生將達到三四萬，屆時他們會成為這個國家的棟樑。

近來，日本的中國留學生數量達到了一萬多人，一旦他們畢業後離開日本回到中國，馬上就會成為日本的敵人（就像俄國學習的葡萄牙學生）。

中國人的種族歧視在世界上是獨一無二的。中國有大概兩三百萬基督徒，如果發生戰爭，第一個站出來跟基督世界作戰的就是中國的基督徒。儘管中國的非穆斯林和穆斯林之間也有分歧，但在敵人面前他們會很快聯起手來共同禦敵。（633）戰時他們是為戰爭而生的戰士，他們甚至都不需要補給。他們在必要時什麼都可以吃，包括死屍。總之，俄國人在巴爾喀什一帶不會有收穫。假如中國人發生內訌，滿洲里和中國南部發生戰事，從滿洲里分出來的蒙古人將會投入俄國人的懷抱，這樣的話，俄國在中國的利益就得到了保障，這樣的可能性還比較遙遠，不過還是有可能的。

六十三、中國的經濟

中國的經濟讓人感到奇怪，這也許是中國人實現美好未來的最佳途徑。中國人，也許會去美國、歐洲掙錢，但他們會將所有的積蓄都寄回國內。中國人不會把錢花在國外，這是中國人的基本原則。中國人在沒想好掙錢的路子之前是不會花錢的。中國人是個勤勞的民族。十年前的中國一窮二白。現在的中國爭先恐後地辦工廠，最近又開始勘探各種礦產。西藏的礦產非常豐富，如果中國人戒掉鴉片，努力工作，那麼歐洲人在中國的權力將會消失殆盡。

事實上，土耳其政府也注意到了這些，就在一年前還派了幾百士兵來這裡，不過現在只剩下二十幾個員警了，他們下年也將撤離。如果土耳其在這裡駐紮士兵，那將會耗費鉅資而且沒有多大意義，因為駐兵的花銷是個無底洞。（634）

六十四、中國海軍

當前中國政府的海軍實力還很弱，我認為他們目前並不太需要海軍，因為整個海岸線對中國來說都極為重要，英國人在中國整個海岸線的利益與中國人的利益相差無幾。

中國人現在要做的就是發展陸軍力量，但這需要兩三年的時間。說俄國貪圖遠東的政治利益是自欺欺人。奧地利人是俄國最大的敵人，他們瞅準了俄國陷入遠東戰局的時機，在近東攻城掠地。

以上是阿拉伊威爾長官的看法，他在中國生活了 12 年，致力於俄國遠東戰略服務已經二三十年了。對於他的看法我無法反駁。

我遇到一位叫額姆布耶夫（غامبويف）的人，此人祖上是布魯特蒙古人（بورات المغولية），當他年幼時俄國人帶他去了聖彼德堡，在俄國上的學，畢業後被俄國政府派到北京使館工作。

他在中國學了十四年漢語，為了俄國的政治戰略走遍了中國的各個地方。

我們見過幾次面，從他那裡我獲悉很多事情。他通曉中國語言文化，對中國政府和中國人有一定的瞭解。（635）儘管如此，他沒有忘記自己的蒙古血統，從他的談話中可以感受到，如果有需要他會馬上回歸自己的蒙古血統。因為當我們談到東方人的時候，他說自己是厄魯特人，還說厄魯特是東方的一部分。厄魯特人，尤其是靠近俄國的那部分人的確遭受了巨大的壓迫，他們隨時準備反擊。

他認為中國目前形勢不明朗，但未來仍有希望。中國認識到了缺乏發展的必備要素，因此派遣很多學生留洋歐洲學習各種知識，僅日本就有一萬多名留學生，他

們是中國發展的棟樑。不過，中國要發展須符合兩個條件：第一，十五年內不要參
與任何戰爭；第二，國內不要出現任何種族壓迫。歐洲人統治中國的唯一方式就是
對中國人進行分化，因為滿洲里已經要求獨立，包括西藏和中國南方也要求獨立。
中國已經被分成了四個獨立的部分，每個地方都在建立政權。這樣一來，蒙古被迫
加入日本，沿海地區歸英國、法國和德國管轄。西藏獨立一段時間後最終會被英國
占領。（636）

他還說所有傳教士正在這樣籌劃，特別是滿洲里和南方地區，傳教士們不斷傳
播分裂言論。中國國家內部的謠言正在威脅著中國政府，而這也正是所有中國人所
擔心的事情。

內訌就是國家歷史發展過程中的毒瘤，中國更是如此，因為只要有一點點空隙，
外國勢力就會趁虛而入。1900 年的事件是最好的證明。

六十五、中日聯盟

中日聯盟是當前政治上的頭等大事，其重要性體現在兩個方面：一方面關乎中
國人的未來；另一方面涉及歐洲人的利益。不管怎樣，這兩個方面是重中之重。

實現中日聯盟，中國人比日本人會更加受益，因為中國需要幫手。中國人迫切
需要與發達國家建立聯盟關係，政治家們也明白這一點。仔細想一下，就會明白這
個聯盟對中國人非常有益。假如中國人看清這一點，他們會明白與日本人聯盟是一
條捷徑。

然而中日聯盟會影響歐洲人的經濟利益，會對歐洲人的政治策略構成致命打擊。
俄國人是遭受損失最慘重的國家。（637）歐洲人比日本人和中國人更關注此事，歐
洲人為了阻止中日聯盟捏造了各種傳言。

美國和日本競爭的目的都是在爭取中國，中美達成聯盟是最符合歐洲人的利益
訴求的，而且，中美聯盟會充分考慮西方人的各種利益。

美國人在中國皇宮裡派駐了一個不懂外交的資本家做使節，就是為了擾亂中日聯盟。美國人通過賄賂中國朝中大員，說服中國決策者與美國聯盟，然而，中國人並未上美國的當，中美聯盟的計畫最終宣告失敗。

歐洲人對於中美聯盟的失敗很失望，因此他們暫時阻止了中日聯盟。（我也認為他們的阻止是暫時性的）。

中日聯盟對於日本人來講是生死攸關的事情。如果中日實現聯盟，那將會是中日政治外交上的巨大成功，也是遠東，甚至整個東方人的成功。大多數中國人都傾向於與日本結盟。

六十六、袁世凱

袁世凱（بيوان شكاي）是中國有名的外交家之一，差點統治了這個國家。他很受士兵的歡迎，假如這個人當時執掌中國，那麼他就會實現與日本的聯盟。然而他於 1908 年下臺了。（638）據說這個人如果能多執政幾年的話，他會在國家和軍隊事務方面發揮很重要的作用。

鑒於他在中國人心目中的影響力，大家都知道他的能力對歐洲人的利益構成了威脅，因此，歐洲人想盡一切辦法使他下臺了。

六十七、土爾扈特的宴席

遊覽北京時，我碰到了塔哈圖雷（طه توره），也稱土爾扈特（تورغوت），之前在報紙上看到過此人的信息，他當時設宴待客，我參加了他辦的宴會，宴會上來了很多社會名流，那是一次令人難忘的聚會。

宴會過後，他講了很多，引起了很大反響。我要說的是我看到的中國穆斯林身上存在的偏見。

7 月 19 日的報紙刊登了土爾扈特宴會的消息。當時所有的中國穆斯林都指責我，說我參加了非穆斯林的宴會，吃了不乾淨的東西。

事實上土爾扈特先生對於這類事情是謹慎的，他當時請了很多有名的穆斯林廚師準備宴席。而 7 月 21 日的報紙可以說又為我進行了辯護，報導中寫道，當時的廚師是穆斯林。如果不是這一報導，我就莫名其妙地成了輿論的犧牲品。（639）

六十八、中國人

中國人是世界上遭受壓迫最大的群體。無論將來前途如何，但現在受到的壓迫僅次於印度。

政府、權力、君王都是中國的，但只是徒有中國之名而已。

前文已述，歐洲人在北京有自己的專屬領地，而這些地方的入口處卻是中國員警站崗。所有主街道禁止中國人入內，如果有人執意要去試試，那麼迎接他們的便是棍棒。不過偶爾會有一些中國警察局的大人物出現在這些街道上。

這是我在北京看到的狀況，不過，據說此前的情況更糟。

據說歐洲軍官有時會揪住中國士兵並剪掉他們的辮子，甚至有時連帶頭顱也一起剪掉，而周邊都是圍觀者。剪辮子對中國人來說意味著砍頭。1900 年發生的事件，據很多人講是剪辮子引起的。

還有很多奇奇怪怪的事情。

有人對中國人講逃避欺辱和壓迫唯一的方式就是投奔基督教傳教士，而傳教士以信教作為保護他們的條件。（640）英國人授意中國員工欺壓那些改信基督教的中國人，然後傳教士以保護信教群眾為由出手相助，並在報紙上大談特談英國人的公正，而否認欺壓之事。

我們不禁要反思，這是英國人想要的結果嗎？答案是肯定的。依我之見，英國人不會得意得太久，因為近些年發生的事件表明英國人的統治都是以刀劍相逼，對歐洲人來說，武力征戰的時代已經結束了。

（葡萄牙人的侵占沒有經過戰爭。）

沒有什麼能夠阻擋英國人侵占中國內地的步伐，歐洲人也希望看到這一點。這是我的看法。而日本人也做著同樣的事情，他們不會放過任何機會，在獲取自己的利益方面，他們幹的並不比英國人少。

六十九、漫談

我想在此談點題外話。東方與西方的衝突由來已久，相關事件數不勝數。總體來看，東方人處於西方人的統治之下，而思想上的統治遠勝於武力統治。（641）近來似乎東方與西方陷入了思想爭論之中。

西方人的武器並不是殺戮，而是從思想上恐嚇他人。

我認為西方政治觀察人員及研究者對此有深刻的認識。每當我思考這件事的時候，都會找出很多例子。如果日本文明無法與西方文明形成抗衡，那麼東方，不管是遠東還是近東，都將一敗塗地，從屬於西方。因為西方人對東方人的思想入侵已經讓西方人嘗到了甜頭。

這種事情，可以從侵占中國的英國人身上得到印證。

我們應當明白穆斯林群體一旦回歸其宗教屬性，明白宗教對他們的意義，勢必會成為東方人團結的模範，到那時西方人的夢想也就該破滅了。

我個人覺得要想實現這個想法必須完成兩件事：第一，歐萊瑪群體要摒棄分歧；第二，我們應當廣泛查閱經書著作，並對教法學家的著作進行比較研究。

我的想法也許並不成熟，我也無意冒犯教法學家，只是想喚醒教法學家重新審視自己。

文字並不能完全表達我的想法，但我認為自己所言也並非一無是處。我們應當學習那些為宗教而無私奉獻的先賢們。（642）不可否認，很多學者倒在了西方哲學面前，那是因為他們沒有完全理解伊斯蘭哲學。要知道人的認識畢竟有限，對於哲學要有清醒的認識。

一些偉大的西方哲學家們重視某些普通的穆斯林蘇菲，而對一些真正的蘇菲大師的哲學思想卻一無所知。我確信如果我們能很好地詮釋聖訓哲理，沒人能超過我們。

七十、中國人的蓄辮習俗

中國人留辮子並非亙古就有，而是滿清王朝的規定，之後似乎成了所有中國人的傳統，再後來，竟然跟他們的信仰掛鉤了。他們的頭髮剃得只剩下中間的部分，然後編成辮子。在中國，辮子是件嚴肅的事情，後來政府下令取締留辮子的習俗，然而老百姓卻不答應，就連軍隊也不執行命令。在中國，辮子是神聖的，剪辮子如同砍頭，因剪辮子惹來牢獄之災者頗多，因為在他們看來剪辮子就意味著丟了性命。（643）

德國人占領威海衛之時強迫當地人剪掉辮子，以區別於其他地方的人，當這項命令被執行時，中國人一片哭聲。

法國人在東京①做了同樣的事情，那裡的中國人也哭成一片。在中國人看來辮子是關乎信仰的事情。

---

① 可能指開封。存疑。

在北京時我碰到過一位穆斯林老學者，我們聊過辮子的事情。我當時給他舉出很多聖訓及伊斯蘭的美德的例子。我提議他遵從聖訓，尤其是這把年紀了，我建議他剪掉辮子，並給他做好了剪辮子的準備。

那位老者估計有七十多歲了，而辮子像老鼠尾巴一樣搭在背上，當他聽我這樣一說的時候，馬上變了臉色，躲開了我，瞅准機會離開了清真寺。後來我再也沒有見過他。

關於留辮子的事情，我見過很多，此處不再贅述了。

七十一、北京寄往東京①的書信

在北京的時候我收到了來自白熱克圖拉（بركة الله）的阿拉伯文書信。信中寫道：「你的來信我已收到，能得到你的指導我倍感榮幸。希望你能經常寫信給我。關於清真寺的事情還沒有明確答覆。弘基（هونجى）決定去伊斯坦布爾，他正在等待你的回信……」一份短信，我卻丟了原件。（644）

我從北京寫給他的信內容如下：

（阿拉伯文）感贊唯獨安拉，獨一的主。致我尊敬的同伴、兄弟、安拉庇護之人穆罕默德·白熱克圖拉先生。

您上月十五號的來信我已收到，非常榮幸，甚感欣慰。我相信你們在竭盡全力地做事，此外對於你們真誠明確的答覆我感到非常高興，尊高的安拉因你們高尚的美德使我們成為先知的繼承者。

在收到你的來信的幾天前我就已經給奧哈拉（أوهارا）寫過信了，想必你們已經得知了一些事情的緊迫性，祈求安拉佑助我們成為成功的人。

---

① 日本東京。

夢想總會實現的，烏雲背後必是晴天。我的兄弟，你是一個心靈純潔的人，你教他們知識，讓他們明白如何遠離黑暗，你是知道那些事的。

至於阿旨茲（العاجز），他現在在北京。我走了很多地方，認識了很多有志之士，中國的情況我還在盡力觀察。

如果中國人能夠站起來處理自己的事情，那麼我離成功就不遠了。但情況並非如此，因為外國人統治著他們，而他們的軍事力量又很薄弱。我感覺士兵頂多有二十五萬到三十萬左右。武器、戰艦的革新需要相應的經濟支援，但中國的經濟狀況正處於最糟糕的時期。同時，他們為了生存與美國人達成了協議，並給予外國人很多特權。中國正處在持續的動盪之中。（645）

我結識了幾位德國領事館工作的穆斯林兄弟，他們準備從領館處給我們打聽一些信息，中國的情況他們很瞭解。

最近，我要去漢口。從阿斯坦納（الآستانة）寄來的報紙和信件來看，那裡一切都好，尤其是素丹穆罕默德五世（محمد الخامس），他走訪民情，與民眾親切交談，還去學校查看學生考試情況。

希望你們再接再厲，團結一致，把握機會。

阿布杜熱施德・伊布拉欣寫於北京。

　　通過寫信的方式，我加強了與日本朋友之間的關係。我的所有努力，目的就是加強並夯實我在日本已經建立起來的關係基礎。對我而言，這是一項崇高的使命。我的通信並未局限於我跟白熱克圖拉兩人之間，事實上，我和奧哈拉、納卡努（ناكانو）及納卡亞曼（ناكايامه）之間也有書信往來。我在中國的行為只要不引起日本人的不滿，我的策略就能得以實施，我的策略的實施也能最大限度地保護日本民眾。因此，我給穆罕默德・白熱克圖拉先生寫了上述那封信，並給了一些建議。

七十二、伊斯蘭教傳入中國

伊斯蘭教傳入中國由來已久。據說古泰白・本・穆斯林（قتيبة بن مسلم）在伊曆一世紀的時候經河外地區（وراء النهر）、布哈拉（بخارى）、費爾幹納（فرغانة）、喀什噶爾（كاشغر）到達北京，伊斯蘭教於伊曆 93 年傳入喀什噶爾地區。（646）對於這些眾所周知的事情，此處不再贅述。

中國人關於這一歷史的記錄讓人覺得奇怪，他們堅信伊斯蘭教經新疆傳入中國，他們對此深信不疑。他們認為伊斯蘭教經新疆傳入中國是伊斯蘭教在中國的第二次傳入，而第一次傳入時間追溯到穆聖時代，只不過那一時期的伊斯蘭教傳到了廣東地區，北京的伊斯蘭教是第二次經新疆傳入的。

他們的這一說法同聖訓和歷史記載有所不同。即便如此，中國穆斯林還是堅信自己的判斷，並就此著書立說。

根據他們的史書記載，伊斯蘭教在穆聖時代就已傳入中國。要知道，穆聖當時只派了三個人：撒阿的・本・艾比・宛嘎斯、尕西姆，還有一位尚未得知姓名者。按照中國穆斯林的說法，廣東的那兩座墳墓是後兩位的，因為撒阿的・本・艾比・宛嘎斯後來回到希賈茲了。

廣東有一座古寺，中國穆斯林稱之為撒阿的・本・艾比・宛嘎斯清真寺，中國穆斯林王寬的家史將自己的家譜追溯到撒阿的・本・艾比・宛嘎斯，認為宛嘎斯先生在廣東的時候結過婚，後來留下已懷孕的妻子返回希賈茲了。之後，子嗣繁衍，形成了今天所看到的大家族。中國穆斯林對此毫不懷疑。關於這類事情，中國有很多漢語史籍，最著名者當屬王岱輿，他著有兩本漢文中國伊斯蘭教史，（647）即《清真大學》（جينغ-جاو-تاشو）和《正教真詮》（جينغ-جاك-جانجوان），這兩本書在中國穆斯林中廣為流傳。

其中有一本書被一位雲南學者翻譯為阿拉伯文，叫《四篇要道》（الأربعة الفصول）。翻譯此書的學者叫尤素福（يوسف）[1]，當時他頗有名氣。

有一本史書叫《性理》（شيكلى）也被翻譯成了阿拉伯文，很遺憾我並沒找到那個譯本，因為那本書沒有出版。

中國有很多與伊斯蘭教有關的歷史書籍，大多已經出版了，中國穆斯林認為那些書中的記錄都是事實。其中有一本書叫《回回原來》（حى-حى- يون-لاى）。「回回」意為「伊斯蘭」，而日本也叫「回回」，只是字母拼寫不同而已。

據說有一本關於穆聖傳記的書叫《至聖實錄》（جى- شك - شه ى لو），還有一本《康熙贊》（كاك شى - ز اك）[2]，大概有八百年的歷史了。

《乾隆贊》（جه ى - لوك ز اك）[3]是一位中國皇帝（ملك）兩百年前主持編撰的，其中談及伊斯蘭教的益處，而且這位皇帝（ملك）在此書中表示伊斯蘭教沒有成為中國的官方宗教是一種錯誤。

中國穆斯林對於傳述和歷史都確信不疑，甚至有些東西已經成為他們信仰的一部分了。我和南京的一些歷史學家討論過很多次。很奇怪，中國的歷史學家幾乎都聚集在南京。盲人憑聽覺撰寫歷史，又口耳相傳。這裡的很多歷史學家即是如此，這種現象不僅在穆斯林中有，非穆斯林中也是如此。（648）

事實上關於中國史籍所錄伊斯蘭教傳入中國的歷史難以讓人信服。因為撒阿的・本・艾比・宛嘎斯是有名的索哈白，是十大索哈白之一，全世界所有的穆斯林對其行跡耳熟能詳。如果他真來過中國，那麼毫無疑問穆斯林世界的史學家們是絕

---

[1] 指雲南經堂教育大師馬復初。
[2] 書名存疑待考。根據內容，可能是作者對朱元璋「御制百字贊」的誤記。
[3] 書名存疑待考。

對會提及的。聖訓學家對穆聖時期大大小小的事件都有傳述，不會錯過如此重要的事情。

如果撒阿的・本・艾比・宛嘎斯的中國之行屬實，那麼我們的聖訓學家絕不會疏忽。但是，中國人不會輕易接受記載中的不實之詞，這也是正常的，每個民族的歷史記錄隨著時光流逝都會成為信仰的一部分，沒有哪個民族情願看到自己的歷史受到駁斥和質疑。

甚至有些穆斯林聖訓學家隨心所欲地注解《古蘭經》文，以迎合自己的意圖。這類人，但凡遇到新事物就在經訓中找證據，然後隨意注解。

這種事情並不是第一次或第二次出現，當前很多穆斯林學者都以這種方式掩飾自己的無知。這種人，在我看來雙目蒙塵，已看不到伊斯蘭的真諦了。

這樣的事情歷史上有過很多例子，但以引證某段經訓來迎合自己書寫歷史的喜好，恐怕良心難安。（649）

在引證歷史的時候，這些人應當先看看眼前發生的一切。二十五年前埃及發生革命，如何發生的，為何發生，其目的為何，後面的推手是誰？我們是否可以對此做出教法判令？當我們摸著自己良心的時候，我們會發現這樣的侯昆並非必然。

事情遠不止此，大家對最近幾年我們遭遇的事情各持己見。

為了迎合此類事情而進行的經文注解都是不合理的，這些人不能稱為歐萊瑪。但是又能怎樣呢？他們竟成了一群思想枯萎的「學者」。

教法不應該成為一些人滿足私欲的法律，那是安拉的規定，就算是醫學再發達，但能醫治疾病的藥物還是非常有限，所以，我們不能臆斷性地注釋經文。

儘管話題扯得有點遠，但我還是希望能和讀者朋友談談我的想法，我會繼續在文字的世界裡同大家談論我的想法。

假如我們統計一下史書中的錯誤，那麼每個國家都會有兩種不同的歷史敘述方式。儘管歷史上這兩類歷史書寫都得到了認可，但最終還是各執己見。（650）

七十三、突厥撒拉人

在北京的時候我想獲取一些突厥撒拉人狀況的信息，然而語言問題使我無措。我從《公言報》（غون－يان－باو）的主編趙友生[1]（جاو－يو－شين）那裡已經瞭解到了一些消息，但經由一個基督徒的講述就確信如此重要的信息是不對的。

有一天我正在學堂裡時來了一個人，他跟努熱‧穆罕默德（نور محمد）老師簡短地交流了一會兒後，努熱‧穆罕默德告訴我他來自「撒拉」（صالا），世居撒拉。努熱‧穆罕默德老師接著說：「這個人是個撒拉突厥人（أتراك صالا），他剛從撒拉地方過來。」那個撒拉人很明顯沒有蓄髮辮，因為他跟我們一樣屬突厥人。努熱‧穆罕默德介紹我們相互認識，他的漢語講的跟突厥語一樣好。這個突厥人竟然成了我的兄弟，他確實是我的兄弟，因為他是突厥人，他知道的很多，對我們所聊的所有內容他都有著自己的見解。他的名字叫伊斯瑪因（اسماعيل）。

關於中國的統治者，伊斯瑪因先生說：

> 五百年前，中國的統治者都是我們這個民族的人，那時的漢人的權力是很有限的，我們甚至有時會廢除他們的民族權利和私人權利。我們會限制漢人婦女，並禁止她們與我們的婦女穿戴一樣的服飾（就今天這種服飾），而漢人婦女是不能穿戴我們的服飾的。再後來，統治權落入了蒙古人（مانغولره）之手，然而我們這個民族反抗時起了內訌，最終我們接納了漢人的統治，條件是保留我們突厥人的權利，並且我們之間簽訂了一項漢人統治者所認可的協定，即要公開承認我們的民族性。這個協議禁止他們不能稱我們為黑塔

---

① 報紙名和主編名待考。

（خیط），意思是受保護的民眾。黑塔、克塔伊（کیتای）或格塔伊（قطای）
這幾個詞是奴僕的意思。

再後來統治權落入了滿人（آل مانجو）之手，我們與滿人統治者之間又重新簽
訂了一些協定，我們接受了他們的所有條件，但他們不能冒犯我們的教法。
（651）

留長辮是我們歸順滿人統治的證明，而並非他們強迫我們蓄辮，只是最近兩
百年以來他們取消了我們的一些特權。我們之間打過幾次仗，他們燒了我們
的一些清真寺，侵犯了我們的很多權利。儘管如此，我們仍然保住了我們的
宗教信仰權利。我們有一些歐萊瑪，不過數量不是很多。我們與新疆穆斯林
之間一直都保持著聯繫，我們把滿拉送到六城和喀什噶爾去求學，那裡會給
我們派歐萊瑪，就這樣我們保住了我們的信仰。

事實上清政府想剝奪我們的宗教信仰，想插手我們的清真寺和宗教活動，他
們要求我們不要在晚上禮泰拉威哈，要我們根據他們的曆法封齋，於是我們
起義反抗，血流成河，迫使皇帝（إمبراطور）不得不親自下旨允許我們在牛
街清真寺禮泰拉威哈，而且我們可以在清真寺待著直至禮拜結束，皇帝還下
了一道諭旨，即不可阻止或干涉我們的宗教活動。

有一段時間他們要求我們在清真寺的外牆上雕刻動物圖案。這個要求在整個
中國推行，而撒拉人拒絕了這一要求，因此，我們的清真寺裡面你是看不到
動物雕像的。

漢人懼怕突厥人，儘管我們人數很少。我們祖輩們的團結、勇敢、威猛、自
保的名聲對我們有著莫大的好處，我們今天仍受益於這一名聲。

就在幾年前，漢人大肆侵犯突厥人，我們進行了抵抗。感贊安拉佑助我們，
他們燒了我們的一些清真寺，殺害了我們的孩子，但安拉阻止了壓迫，我們
也沒有因為他們同我們打仗而尋求獨立。（652）

那次戰鬥我們確實取得了壓倒性的勝利，他們已經準備好滿足我們的要求了，但無知封住了我們的口舌，我們沒能跟他們要求什麼……即便是作為宗教事務的離婚的自由，我們也沒去要求，現在是不允許我們離婚的。

我問他：

—— 有沒有人想過修建學校和改革教育的事情？

—— 絕對沒有人思考這些事，至少現在沒有人想那些事。中國近些年最大的災難就是基督教傳教士人數在增加。

他們對我們構成了很大的威脅，中國政府禁止民眾抵抗這些基督教傳教士，我們也不知道後果將會怎樣。

是的，撒拉穆斯林和六城穆斯林的確保住了自己，但身處中原地區的穆斯林處在重重無知之中，尤其是北京及周邊地區的穆斯林，他們非常偏執。就連穆夫提阿布杜拉赫曼的意見他們也不聽。這已經是他們的常態，他們中大多數人丟棄了教法禁令而遵從非穆斯林的習俗，所有的事情都建立在各種習俗的基礎上，甚至遺產的侯昆都要遵從各種傳統和風俗。我們的大多數穆斯林女性被禁止求學，纏足卻成了她們的主命，最後政府下令禁止婦女纏足，官員堅決禁止纏足，可民眾卻置若罔聞，纏足成了他們的習性和傳統。每每想到此事，我就覺得失望。

唯一的希望就是土耳其政府派遣歐萊瑪為中國的穆斯林講授正確的伊斯蘭教知識，從而幫助他們改善宗教狀況。去年從土耳其來的兩位教師的服務做得很好。然而中國人總是薄福，那兩個教師沒能在這裡待下來。（653）我們一直希望阿里・里達先生能多提供一些幫助，但很遺憾，我們所希望的沒有實現。

這就是我在北京遇到的撒拉突厥人或者說是撒拉人，我從他那裡獲得了這些有價值的信息。

七十四、中國歐萊瑪使用的阿拉伯語詞彙

說話方式：

安撒拉目爾來坤——　安賽倆目爾來依庫目。

爾目如——　凱姆爾目如克。

哈倆里非——　嗨里安泰穆台裏維至。

臥來杜——　嗨里來克奧倆德。

麥來庫——　敏艾耶柏來迪。

滿克——　安安泰敏滿克。

爾里目非——　嗨里安泰米乃里歐萊瑪。[①]

這都是些中國歐萊瑪所熟知的阿拉伯詞彙。你很難找到某個人所知道的詞彙超出這些範圍。

中國的歐萊瑪絕對不承認他們的無知，他們都認為自己是出類拔萃的歐萊瑪。他們從不會溫習自己學過的東西，假如你準確無誤地引用《古蘭經》教義去駁斥你在他們身上發現的某些事情時，他們會說：「你說的對，你說的對，但那是中國的習俗。」他們不會接受你所說的話。

甚至他們在禮拜結束後誦讀的阿耶提庫熱西是「من ذا الذى يشفع عندها（在他那裡求情呢）」，如果你制止他並說不是這樣讀的，而是「عنده」，他們就說這是中國穆斯林的傳統，他們不在意你的話。（654）

---

① 此處皆為音譯。前者為作者根據中國人的發音轉寫，後者為作者標注的阿拉伯語意思。從前至後意思分別為：願真主給您平安、您多大了、您結婚了嗎、您有孩子嗎、您是哪國人、您從麥加來嗎、您是阿訇嗎。作者的記錄反映了當時回族民間個別人只知道零星阿拉伯語單詞，而無法完整連綴成句子的情況。

七十五、北京偶遇麥加人

我在北京期間遇到一位麥加人叫賽義德・侯賽因。他在中國內地已經閒逛了兩年半時間，中國的東部地區到西部地區乃至北京他都去過。他說（如果他所說的屬實）：

> 中國的土地我一寸一寸走過來的。只要在某個村莊待上一夜或兩個夜晚，我就會主動去結婚。我娶過十六個少女，我很瞭解中國穆斯林的情況。中國的歐萊瑪沒有人能夠誦讀《古蘭經》，不能貿然跟著禮拜。他們的婦女因為腳太小了甚至洗不了大淨，她們沒法拿水壺。

> 儘管如此，但中國的穆斯林仍然以固守教門著稱，他們是為主道奮鬥的人。他們有清真寺，也有學堂，就算是特別小的村莊也會有清真寺和學堂，從這個層面看，我可以說中國穆斯林也許已經超過了阿拉伯人。

中國穆斯林在宗教事務上的團結值得稱道，一切個人恩怨都可以在捍衛宗教的路道上得以化解。事實上，這位來自麥加的先生兩年半期間的這些印象是件值得稱讚的事。

七十六、不蓄髮的中國人

我在北京城附近的王坊鎮（واك - فان - جق）[1]遇到兩個光頭的中國人，我覺得這件事很奇怪，因為很少能見到不蓄髮的中國人。

兩人中一位名叫阿布杜熱赫曼（عبد الرحمن），他是一位非常固執的穆斯林，拒絕更改自己的阿拉伯語名字。另一位是他的兒子尤努斯（يونس）先生，他的漢語名字叫買江清（مه رديان - چين）。（655）

---

① 地名待考。

認識這兩人後我詢問了他倆剪掉頭髮的原因。尤努斯說：

—— 我的確看到《魯哈白亞尼》（روح البيان）中寫著男裝女扮是不允許的。

—— 你是什麼時候剃的髮，難道你們中國人就沒有責難你嗎？

—— 我是三年前剪掉頭髮的，我在《魯哈白亞尼》中看到這句話後剪的，而且我把這句話告訴了我的父親，他聽完後便立刻剪了自己的頭髮。

我剪掉頭髮的第二天，我們在城裡遭到了圍攻，我們遭受了很多來自官員和宗教人士的刻薄指責，不過最終我們還是在某種程度上讓他們信服了，當我們也提虔誠的時候，我們救了自己，我們當時還給他們讀了那段經文。

人的精神狀況是奇怪的，例如這些荒謬之事是如何成為數以萬計人的信仰的，當這些荒謬成了數以萬計人的信仰時，如果有人「不合時宜」地出現，他只要對他們那腐朽的信仰擊打一下，那麼那種沒有根據的信仰便會消失的無影無蹤。的確腐朽的信仰建立在無知的基礎之上，所以它經受不起任何打擊，哪怕是一次輕微的打擊。

七十七、離開北京

我即將離開北京了。我想離開北京但沒有盤纏，該怎麼辦呢？我給伊爾庫茨克（ايرقوتسكى）的篩海拉（شيخ الله）先生寫了封信，請求他給我寄點錢。在我等待的這段時間，有一個中國青年來我的住處找我說：「銀行找你，說有你的匯款。」於是我去銀行取錢，發現那筆錢被查扣了，而且是個俄國員警扣押的，我沒能取到錢。

也許我的想法是一種無用的忍耐，但我還是沒有放棄希望，我在等待取錢時幾乎失去了耐心。（656）有一天早上十點，我還在自己的房間裡，這時來了一位中國青年，我不清楚他為何來此，但我感覺很面熟，之前好像在哪裡見過。我找來一個翻譯，於是我問這個青年前來找我的原因。

他說：「我來通知你，銀行有你一百盧布的匯款，你去銀行取錢。」那天我很忙，於是我就拖到第二天去了銀行，結果我被告知：「這兒沒有你的匯款，信息有誤。」我一直打量著那個職員的臉色，看到他的臉上是一種極為複雜的表情。

我覺得銀行工作人員的話很奇怪，怎麼能是信息有誤呢？我絞盡腦汁還是沒弄明白。那天我很沮喪地回到了住處。

之後我想起一星期前的一件事，我記得當時那個情景，今天來傳話的那個中國青年與前一次來的是同一個人，我說我怎麼覺得有些面熟呢。

我不指望去銀行取錢了，儘管我對我留居時期所看到的事情確信無疑，但有什麼辦法呢，事已至此，我也沒有能力去調查，也許該想辦法離開北京了。可是沒錢如何離開呢。我去找阿布杜拉赫曼・王寬，想跟他借 50 美元，他沒這麼多錢，於是他東湊西湊，最後湊了 20 美元。

不管怎樣，我得靠這 20 美元離開北京。伊曆六月底的時候，我離開了中國的首都。

七十八、五個俄國員工

我寫信告訴篩海拉先生他寄給我的錢還沒到，於是他聯繫了中俄銀行，告訴銀行那筆錢沒到並要求銀行重新匯款。（657）

他聯繫伊爾庫茨克駐北京分行，北京分行給他的答覆是收到了錢，但上面沒有注明收款人。

我繼續我的旅行，在我到達伊斯坦布爾後，也就是整整一年後，篩海拉先生告訴了我北京分行給他的回覆。

而我當時已經給北京的阿里・里達先生寫了信，請他打聽一下是誰從銀行取走了錢。

阿里・里達先生說：「你在北京的時候錢就已經到支行了，但是銀行工作人員都是俄國人，你應該明白個中緣由。你離開北京後，他們把錢交給了牛街的阿布杜拉赫曼・王寬先生，他後期會給你寄過去的。」

看看這五個人，這些俄國員工阻撓一個貧困的旅行者，本來是昨天就急需的一點點錢，他們卻扣留至今天以彰顯他們的權勢。我們以為它只是一家商業銀行，但它卻在客戶取錢的緊要關頭履行起了它的審查職責。

事實上這種事情已不是第一次了，我在橫濱的時候也遇到過類似的事情，當時還是伊爾庫茨克的支行，它沒有把錢送給我，而是退回原地了。

如果他們的這種行為是他們所妄稱的文明之需，那麼我們還能說什麼呢。之前我也遇到過類似的情況。這確實是俄國人的習性，他們以惡劣和卑鄙著稱於世，他們對自己對手的報復行為就是將其旅行多拖延幾天！

七十九、漢口

漢口（خانقو）是個特別大的城市，這裡有著最大的茶葉工廠。如果說我對這個城市有什麼印象，那麼首先出現在我腦海中的便是茶葉，中國所有種類的茶葉都來自這個城市，儘管中國的很多地方都產茶，但漢口及其周邊的茶葉卻是中國其它地方所沒有的。（658）

漢口是中國著名的城市之一，與北京之間鐵路相連，這兩個城市之間每天有三趟列車（兩城之間相距 754 英里）。不過列車晚上不走，而是晝行夜停，因此這兩個城市之間的路程需要三天時間。北京至漢口之間有很多穆斯林城市，每個穆斯林城市或農村都有清真寺。

我準備從漢口前往上海，因為我口袋裡沒錢了，所以不能待在漢口，運氣好的話到上海也許會碰到賽里夫（سيليف）先生，他是中俄銀行的員工，我曾在他那裡待過兩三天。其實學堂裡面也可以住，不過悲觀有時會促使一個人遠離他所不喜歡見

到的一些事，在漢口時我真的非常疲憊，事實上由於生病我在北京的最後幾天是在醫院度過的，所以當我離開北京抵達漢口時非常疲憊。

　　的確，在真主的前定前僕人是無法掌控的，只能接受真主的前定和安排，特別是旅行期間，在身無分文的情況下，這時候是完全沒有選擇餘地的，不管他願不願意都得祈求接受安拉的安排。我認為在這種情況下堅信安拉的前定和安排得到的將會超過祈禱的。

　　我憑著自己不斷的祈求將自己托靠於真主，我決定步行走完漢口至上海的路程。一天早上六點，我背起行囊，拿上拐杖，在我的這次旅途中這根拐杖是有幫助的，我將錶放在口袋裡，離開漢口向東出發了。我祈求安拉佑助我並給我勇氣。

八十、離開漢口

　　離開漢口的那天是尊貴的伊曆八月的三日還是四日，說實話徒步旅行我沒有覺得累，我已掌握了一些在中國旅行的事宜，（659）我瞭解到道路是安全的，並不危險，唯一擔心的就是怕遇上狼。不過對此我有自己的辦法，一路上我都拿著一瓶白灰，晚上想睡覺的時候，我就用白灰在我周圍撒一個圈，狼是不會越過那個白灰圈去攻擊獵物的。這種方法人人皆知。

　　（不得不說中國的狼要比歐洲的狼更文明，因為它明白邊界意味著什麼）

　　上海與漢口相距 585 英里，我拖著沉重的步伐，過了一村又一村。中國的村莊幾乎村村相連，村民們隨處可見，因為他們總是打量過往的路人，你會發現他們站在那裡目光隨著過往的路人遊走。如果碰巧遇到清真寺想去找個地方休息一下，那麼就會有百十號人湊上來，如果你是穆斯林，他們就會說：「穆斯林，穆斯林。」他們觀看我的捲鬚，非穆斯林對我的鬍鬚很是好奇，在我後面跟了很長一段路只為看我的鬍鬚。

眾所周知，我這樣的鬍鬚在中國少見，如果有，那也不是我們常見的那種，因此他們驚奇又詫異地談論我。這種事不止發生在農村，在北京的時候我也見到很多人跟在我的後面，如果我坐在街上或者臨街的房子裡，那麼這條街就會圍上好幾百人來看我，我也會故意在那裡坐上個把小時。

此處我要說這種粗魯的行為不止發生在中國人身上，中國人的著裝和土耳其人的氈帽，即便是在中歐的莫斯科和聖彼德堡，也會吸引數百人的目光，因此我們在歐洲的大使們在歐洲戴氈帽也會小心翼翼。（660）

據說三四十年前塔塔爾人來到聖彼德堡的時候，開了很多商店，俄國人甚至會走上三十公里只為觀看塔塔爾人。已故伊布拉欣・耶什夫（ابراهيم اليشيف）先生給我說過，好幾次有幾十個人圍著他看。

如果這種事三十五年後在北京繼續發生並不奇怪，我在數百人中間一直一個村接一個村地走著，那天我一直走到深夜，走了 38 公里。

我基本上都是在穆斯林村莊過夜的，很少在非穆斯林村莊過夜。

就這樣我步行了十一天，走了 586118 步，我太累了，因此我沒能將所有的見聞記下來。我在一些村莊遇到了很多奇怪的事情，而且類似的怪事情我在長江沿岸也遇到過。當我困乏時，我就放開嗓子，在我經過的那些山間念邦克。我走路的時候誦念一些《古蘭經》經文，當誦念完一章經文時，我已經走完了三公里。當時天氣很好，溫度在 28-35 度之間，我在河裡淋浴，有時也在河邊駐足睡覺，或者休息一下。每當我走過一個村莊，我都會觀察村裡的孩子，如果小孩中有穆斯林小孩，當他看到我的卷鬚時，就會在我前面向清真寺跑去。他跑的時候嘴裡喊著「穆斯林來啦」和「禮拜寺」，禮拜寺意為去清真寺了。

這些小孩子給我一種喜悅感，他們所說的「穆斯林來啦！穆斯林來啦！」是一種真誠的呼喚和骨肉相連的兄弟情誼。看到他們臉上洋溢著喜悅，我高興得差點哭出了聲。當我一個人的時候我就會哭。（661）有一次，我在河邊坐著，饑腸轆轆，

淚眼婆娑，環顧四周，我發現一個十歲的小孩也在哭泣，我想我們之間唯一的翻譯就是眼淚了。這些孩子的天真歡樂是伊斯蘭教精神紐帶的跡象。我在這些孩子面前幾乎難以克制自己的情感。

之後當我走進一些穆斯林村莊的時候，我發現穆斯林住所的門上都掛著一些阿拉伯語章句，如清真言、吉慶之門或泰斯米，而一些穆斯林開的商店，門上貼著壺形圖案或念珠圖案，這一切都表明這些中國人有意展示他們是穆斯林。

總之，這些穆斯林奇怪的精神性的東西性並不少，公正的人應當注意這些，不要以不公之心去貶低它。

在我路過的地方我看到過很多中國的基督徒，他們的小孩在見到美國或其它國家的傳教士時都會四處躲藏。

在這十一天的徒步旅行期間，我也走訪過很多較大的穆斯林城市，那裡有很多清真寺，甚至有些城市裡面的清真寺多達 20 個。南京的清真寺我數過，有 52 座，其中有幾座清真寺非常美觀。

有一天我終於到了太蘇（طاى صو）碼頭[①]，在那裡我休息了一兩夜。那裡每天都有大型日本輪船在上海和漢口之間運送乘客。這些日本輪船很像伏爾加河上的俄國卡夫茲‧米羅科號輪船，船體大小不一。總體來說河面上所有的輪船都是日本的。

有一天，我登上一艘停靠在碼頭上的輪船，並結識了一位海事公司的工作人員後，他問我：「你要去哪裡？」我說：「去上海。」（662）他給我優惠，讓我乘坐他們公司的船，他還告訴我會給我在頭等艙安排一間住處。

[①]　道光三十年（1850 年），漢口有八碼頭之說。迨至民國，僅「洋碼頭」有 87 個，加上「土碼頭」數字應該更多，但筆者仍未查到與此音相近的碼頭名稱。待考。

八十一、上海

上海是中國最大的商貿港口城市，也是世界上最大的港口城市之一。

它是中國最美的城市，與我見過的歐洲最美的城市可以媲美。我一到上海就去參觀了勞合路（لو حا لو）區的清真寺①，雖然很小，但整潔漂亮，裡面的燈具和裝飾可以跟我們的一些國王清真寺相比。禮拜殿旁邊有五間空房專門用來招待客人，裡面的傢俱堪比最豪華的酒店的傢俱，還配有電器。

我被安排在這樣的房間裡。清真寺伊瑪目人很好，對我很尊敬，有著一定的理解經文的阿拉伯語功底。他思想活躍，我跟他有時也會交談。我們第一天的談話內容如下：

—— 我發現中國其他地方的一些清真寺的外圍都置有雕像，而勞合路清真寺的外面卻沒有，這是為什麼呢？

—— 你說的沒錯，中國的一些比較古老的清真寺的門前都會放置幾個雕像，不過我在十年前翻修這座清真寺的時候，費了很大的勁兒才說服眾人，同意將原先擺放的雕像移走，因此我還招來了很多學者的攻擊，不過我並沒有理會他們的攻擊。當時教眾因為雕像的事分歧很大，以至於當清真寺蓋起來時，由於一些人的極力反對，使得清真寺長達三個月的時間沒能封頂。（663）我們之間為此打了一場官司，最終真主佑助我們戰勝了那些反對我們的歐萊瑪。現在這座清真寺的造型是中國唯一一座，也是第一座合乎教門的清真寺。

—— 我猜你也是中國穆斯林學中唯一一個剪掉辮子的阿訇了，對吧？

---

① 勞合路即今六合路。作者遊歷上海時期，上海共有浙江路清真寺寺、福佑路清真寺（清真北寺）、草鞋灣清真寺（清真南寺）三座清真寺。浙江路清真寺又名外國寺、六馬路禮拜寺、回教寺等，即作者所記勞合路清真寺。

—— 不，剪了辮子的阿訇還是有的，只不過人數少而已。南京的大多數阿訇都剪掉了辮子，即便如此，剪辮子的人數還是很少，最近我們這個區的所有歐萊瑪都准備剪掉辮子。

—— 我看你的長相不像漢人。

—— 我已經漢化了，但我的祖先是雲南人（یونه‌نسی），我也不知道我的祖先是如何將他們的突厥人長相保留下來的。儘管我們祖上是突厥人，但毫無疑問我們是已經漢化了的突厥人（轉化為漢人）。中國的突厥人，尤其是東南一帶的突厥人已經漢化了，他們的突厥特徵已經沒有了，你從漢口到這裡的沿途有很多村莊，那裡住著突厥人後裔，但他們身上已經沒有了突厥人痕跡，估計你也親眼見過他們，你能看出他們的突厥人特徵嗎？

—— 我沒有在他們身上看到突厥人痕跡，但是我發現有些地方的名字是突厥語的，似乎很多河流的名字也是突厥語名字。

—— 不是一些，而是很多。三四個世紀以前，中國的絕大多數居民都講突厥語，而漢語也分化成了很多不同的方言。有些研究人員說方言有 24 種，他們強調方言的不同與突厥語的混雜有關係。我們所在的這個地方的方言與中部地區的方言差距很大，越往南差距越大，我多給你說說也好讓你瞭解一下。哈爾濱及其周邊和瀋陽一帶的方言是一致的，而上海（شانحای）、（كوان）①、天津、甘肅一帶的方言是不同的，（664）但他們彼此都能聽懂。而北京及其以南地區，其居民在理解哈爾濱方言方面略顯吃力。我們上海人、滿洲里人、漢口人、南京人，都聽不懂哈爾濱的方言，但是我們都完全聽得懂北京方言。假如我們到廣東、漢口去，你會發現廣東人和漢口人能聽懂一些我們上海方言，但他們卻聽不懂北京方言。不過四川、雲南和東京②偏北一帶的人，他們完全聽不懂我們上海方言，北京和哈爾濱的方言與這些人的方言之間有著明顯的區別。

---

① 此地名可能脫字，疑為「廣東」。或同前面的文字連起來也可讀作「山海關」。待考。
② 可能指開封。存疑。

總的來說，北方人聽不懂南方人的話，中部人對於南北方言都能聽懂一些。方言一共有 24 種，而我都能聽懂，因為基本詞彙是一樣的。

上海是個非常大的城市，這裡你能看到來自世界各地的人。有很多阿拉伯人、印度人和伊朗人，其中英國人最多。法國人、美國人、德國人、日本人都有屬於自己的街區，不過我在這裡沒遇到過一個土耳其人。

從建築方面來看，上海與歐洲的城市之間沒有區別，這裡有電、電車（軌道電車）、汽車等等，電話如蜘蛛網一樣多。

上海是中國的一部分，也是一座世界性城市，這裡由英國人管理。上海表面上看起來就是一座英國城市，警察局長和其它一些職位都掌握在英國人的手裡，也許你有時會看到一些留著辮子的中國員警，但他們是市郊的員警而不是市內警察。市中心員警總體上由印度人擔任，不過他們的上司是英國人。無論在哪裡都會碰到印度教徒，（665）他們頭上圍著偌大的頭巾，猶如地獄之神一樣向他們周圍的人吹撒著火焰。讓這些印度人管理中國人真是一件令人悚然的事，如果一個人看了上海、天津和漢口的管理，那麼他就會堅信英國人對中國的統治是成功的。

八十二、上海的外國人

這個城市中的所有外國人都可以完全自由地經商，英國人的生意比其它任何國家商人的生意都多。這裡有少量的敘利亞人，有個名叫薩利赫・推拔爾（صالح طباع）的小夥子來自貝魯特，在商界口碑很好。伊朗人中有一些大商人，印度人中也有一些大商人，不過他們大多數都是什葉派，他們中有一個叫艾敏・班赫什（أمين بخش）的是遜尼派，是個很有魄力的人，人很好，對我格外尊敬，他答應我會提供很大一筆資金幫我在日本東京建清真寺，我們一直想在東京建一座清真寺。

我還得到了爾薩兄弟（عيسى بهائى）的款待。這座城市能有這樣的一些穆斯林鉅賈是件很重要的事，也是值得驕傲和稱讚的事情，但他們的人數比非穆斯林人數

少，這事讓人感到有些遺憾，如果像他們這樣的人數量再多一些，那麼對於我們在中國的利益會有很多好處。

八十三、上海的穆斯林

上海的中國穆斯林人數很少，他們分散在三個區，有三個清真寺。他們中有一些大商人，同時穆斯林也有自己的報刊，但大多數讀者都是非穆斯林。（666）報社老闆舍姆蘇‧金照錄（جن - جاك - لو）人很好。他精通阿拉伯語，會說一點日語和英語。我們見過幾次面，他是英國的政治代辦。我知道上海周邊有很多穆斯林村莊，但我去過的村莊不是很多，因為我的經濟狀況無法擔負我來去的花銷，而且我當時也身體不適，所以沒能安排出充足的時間去看看那些穆斯林村莊。

八十四、拜訪阿訇

王天福（واك - تياك - فو）①阿訇是中國歐萊瑪當中一位思想活躍的人，他有著能洞察身邊所發生之事的能力。認識他之後，我問他對中國穆斯林的前途有何看法，他的看法如下：

>　——　中國穆斯林的命運同所有中國人的命運聯繫在一起，如果中國人能夠保全國家主權，那麼中國穆斯林就能保住伊斯蘭教。現在中國政府對很多事情一無所知，假如所有中國人能齊心協力，而且都能客觀認真地對待宗教問題，也許有一天就能找到出路。穆斯林與非穆斯林毗鄰而居，但無論怎樣都不會放棄自己的信仰。假如英國人占領了中國，並將中國置於它的保護之下，那對穆斯林而言就是流血的事情，因為英國人的基本目標就是徹底消滅伊斯蘭教。

>　——　英國人現在正在嘗試干涉穆斯林的宗教和教育。儘管他們在這片土地上沒有任何權力，但他們想干擾穆斯林辦學。就在昨天，他們派了很多印度

---

① 此人應為王盛福，見本書序言註腳。

穆斯林員警，讓他們帶著《古蘭經》來我們這裡，要求我們給他們安排兩間房子供他們居住。（667）英國人讓這些印度人暫住在我們這裡，然後很快就會把這裡的學堂變成他們的一個員警分局。

—— 總之，我對他們的這種伎倆看的清清楚楚，我當時接待了這些從警察局來的印度人，他們來了之後便對我們進行恫嚇，對他們的伎倆我們選擇了沉默，如果我們和他們進行辯論，他們就會想方設法馬上打斷我們，但勝利是屬於我們的，感贊安拉。假如英國人真的控制了這片土地，那麼他們一定會直接干涉我們的教門，這是毋庸質疑的。一方面，基督教傳教士如惡狼一般攻擊我們，另一方面，我們發現他們正在伺機對我們在經濟和政治方面發動戰爭，如果真的到了英國人掌控這片土地的那一天，對我們而言後果將不堪設想，因為我們的教眾是愚昧的，隨著時間的推移，他們一定會接受英國人的所有條件，這樣一來中國的穆斯林在幾年內就會遭受毀滅性的災難。

—— 英國人有可能占領中國嗎？歐洲人會容忍英國人獨吞中國嗎？他們會接受英國對中國的統治嗎？這一點非常重要，我絕不認為英國人能夠吞併這個國家，而且沒人會允許他們做這樣的事情。

—— 的確，很多人都這麼認為。儘管如此，但英國人沒有使用武力就在這個國家實現了統治。我覺得英國人一旦感覺沒有其它國家的阻礙，那麼就會在十年之內完全占領這個國家。

我可以舉出很多例子來說明我的觀點，不過我不能說。我認識很多警察局的工作人員，從他們那裡我了解到了很多信息。（668）

—— 難道中國的大人物中就沒有人有你這樣的思想嗎？他們就不會像你一樣思考嗎？難道他們就想不出什麼辦法嗎？

—— 你也看到了，這樣的人有，不過人數也許不多。

看吧，一個中國的阿訇都有如此獨到的見解！中國內陸地區很少會遇到像這樣的阿訇。

　　我與這位阿訇見過很多次面,我們交流想法,他認為中國一半的土地在英國人手裡,而且都未經過戰爭即被占領。

八十五、離開上海

　　在上海,阿訇幫忙為我籌到旅費後,我沒有再浪費旅行時間直接向著香港出發了。香港和上海之間的輪船不是很多,不過有一些小船,人隨時可以乘坐出行。我坐上了一艘小船,托靠安拉。天氣似乎在預示著將會有大風浪。阿訇來船上為我送行,給了我一些藥,並說:「如果你感覺暈船不舒服,就吃上一片,你就不暈船了,托靠真主。」

　　船大約航行了一個小時後海上就起了大風。我很少經歷過海風,我趕緊吃了一片阿訇給的藥,之後確實沒有暈船。船上的乘客都是留著長辮的中國人,我不懂漢語,所以沒辦法同他們交流。我坐在自己的包廂裡以寫作打發時間,行程不是很遠,而我也沒有暈船。(669)

　　船當時晃得很厲害,很多人都出現了不舒服的情況。我爬上甲板靠西頭的地方想著呼吸點新鮮空氣,這時一個中國人向我走來,嘟嘟囔囔地跟我說著什麼,我一句也沒聽懂。雖說我一身中國人的行頭,但我們語言不通。他想了一會,就用英語只說了一句「好吧」,他想說法語,結果還是沒能說出來。最後他用日語問我:「你是哪裡人?」我說:「我是俄羅斯塔塔爾人。」於是他便用俄語說:「晚上海風比較大,如果你現在能睡上一會兒,後半夜就不會太疲憊。」那天海風真是如他所說,致使很多人都很疲憊,不過我沒有受到影響。感贊安拉。

八十六、那天夜裡的記憶

我是很念舊的。那天夜裡，我見到了歐里汗（اوليخان）將軍，他穿著一身新衣服，纏著紅色的頭巾，來為我送行，那是尊貴的舍巴乃月①的第二十二日，星期五的晚上。

八十七、香港

我徑直向清真寺走去，我看到清真寺周圍聚集了很多人，從人群的叫嚷聲中我猜想人們爭吵定是發生了矛盾。我將行李放在清真寺門口的石凳上，向前來禮拜的人道了賽倆目，他們都一副愁眉苦臉的樣子，我聽到他們中有人回了我的賽倆目。我聽到清真寺裡面人聲鼎沸，我朝著禮拜殿門口慢慢擠過去，發現禮拜殿裡面已擠滿了人，演講台處有人正在演講。

清真寺內外全是印度人，我沒看到他們中有中國人。演講者說的是印地語。（670）

我在大殿裡沒有找到位置，於是我就站在大殿門口聽演講。事實上，我並不懂印地語，但是從演講中不時冒出的阿拉伯語、波斯語和突厥語詞匯中，我感覺他演講的內容跟教派分歧有關。

當時有個聽眾站了起來並說：「凡故意殺害信士者歸宿就是永久的火獄。」他講了大概半個小時。我猜想可能是什葉派和遜尼派之間發生了分歧，但我不知道他的演講主題的基本內容是什麼。儘管如此，我覺得這件事很嚴肅，也很危險。所有人都引用的是《古蘭經》和聖訓，我想演講者中有一些人還是有才學的。我看到他們中有很多人中都纏著頭巾，有些纏頭巾還繡著金邊，假如我拿著這些纏頭巾去市場上兜售，一定會找到出一百里拉（ليرة）買他們頭巾的人。這裡所有的人我都看得

---

① 伊斯蘭教曆八月。

見，不過坐在演講臺上演講的那個人跟普通人沒什麼兩樣。我覺得他們的話題要快
結束了，這是一個關於教派的話題，我自始至終沒有弄明白他們爭吵的結果是什
麼，演講差不多持續了兩個小時。最後來的人群中出來了幾個人走到了那些爭吵者
的中間，然後宣禮員開始念晡禮的邦克。我趕緊去洗了小淨，跟眾人一起禮了晡
禮。當時除了領拜的阿訇外還有另外四個阿訇，其中一個就是做演講的那個人。

　　禮拜結束後，那個做演講的人過來跟我握了手，並用阿拉伯語說：「你好。」
之後我向他打聽關於演講的內容，我當時以為他會講阿拉伯語，結果他只給我回了
一個阿拉伯語詞「不知道」。我很失望地走出清真寺，在清真寺門口我發現還聚集
著很多人，其中就有會說阿拉伯語的人，我很欣慰。當時，我認識的那位演講者也
在場，我絕對不會錯過這個機會，於是我趕緊上前向懂阿拉伯語的人詢問演講的內
容，得到的答案如下：（671）

> 20 年前，印度出現了一個叫嘎迪亞尼耶（القاديانية）的教派（關於這個教派的
> 詳細情況我會在印度的遊記中詳述），這個教派有一個人很早就來到了香港，
> 當時有很多人追隨他，現在追隨他的這些人要求這座清真寺給予他們領拜的
> 權力。當然他們也是穆斯林，他們提出的要求是平分領拜權，艾海里筍乃
> （أهل السنة）[①]人和嘎迪亞尼人每派各一星期。他們向英國政府提出申請，英
> 政府的答覆是大家最好舉行個會議，聽取眾人的意見，清真寺當由占多數的
> 人來管理。

　　這裡的穆斯林都是印度商人，大多數屬於什葉派的伊斯瑪因派，少部分屬遜尼
派的沙斐儀派，而阿訇是哈乃斐派。這些人認為如果以派系劃分，那麼毫無疑問嘎
迪亞尼派人數最多。因此，遜尼派和什葉派之間已經達成了協議，共同要求清真寺
的管理權，然而，什葉派中的部分人起來反對已與遜尼派達成協議的人，他們反對

---

① 阿拉伯語，意為遜尼大眾派。

這兩派業已達成的協議！因為他們是殺害伊瑪目的人（最後一位索哈白），他們之間的分歧持續了很久，最終他們達成一致對抗嘎迪亞尼派。

八十八、教派與國家

我認為此處不適合談論教派，在這裡我準備給尊貴的讀者朋友們提及一些瑣碎之事，簡要談一下教派及其出現的原因，這是與印度有關的話題。現在我就派系與國家和政府之間的關係談談自己的看法。

二十世紀，基督教學者們以世俗主義和人文主義警告世人，妄稱宗教已沒有了原先的精神。事實上，這些西方人很清楚，（672）有一部分東方人對西方文明非常癡迷，故而他們鼓動他們與宗教斷絕關係。另一方面，這些西方人利用宗教以期實現他們的政治意圖。英國人善於耍陰謀，他們以印度穆斯林的教派挑唆事端，在穆斯林中製造分裂，破壞團結。遜尼派和什葉派達成了協定，從嘎迪亞尼人的手中奪回了清真寺的管理權，但毫無疑問，英國人在遜尼派和什葉派中製造事端的那一天也會到來，到那時會發生很大的教爭，而英國人會站在遠處詛咒和觀望。

這些可憐的穆斯林，他們為各個政府到處賣命，破壞了協議，也帶來了苦難和分裂。

瞭解了情況之後，我將自己的行李放在一個專門招待遊客的旅店裡。第一天，在參觀這座城市之前，我拜訪了這裡的一些客人。

這些尊貴的客人中有從麥加和麥迪那來的，也有印度人和中國人。事實上，僅供睡覺，住在這裡的客人吃飯自己掏錢，過夜是免費的，每個來這座城市的遊客都會住類似的旅店，這種旅店在整個中國十分常見。

第二天我去城裡閒逛，也想順便參觀一下這座城市的市容，我遊覽了這座城市的所有地方。我記得這座城市是屬於中國的，但我不認為它屬於中國，因為在這裡

幾乎看不到留著長辮的中國人。不管走到哪裡，都能看到歐洲人、印度人和日本人，而這裡的中國人基本都是苦力、小商販及其他一些底層勞動者。

我逛商場的時候路過一家汽車銷售店，我在店門前停了下來，這時正好走過來一個歐洲人，他向展臺前站著的一個人道了賽倆目，並說：「你好嗎？」然後他們開始用英語交流。（673）那個歐洲人沒有待多久就離開了。我走到那個人的跟前，給他道了賽倆目，他給我回了賽倆目，並說了歡迎的話。他問我是做什麼的？哪裡人？我在交談中得知他是阿拉伯人，他邀請我去他展廳後面的辦公室，之後，我才得知這個展廳和展廳裡的車都是他的。在得到他的允許後，我參觀了他的展廳。

我注意到展廳後面有個很大的工廠，裡面有很多中國工人。一個阿拉伯人和他的兒子在中國竟擁有一家汽車工廠。這個人名叫穆罕默德・穆薩（**محمد موسى**）。從他那裡我瞭解到了很多關於香港的事情。香港在地圖上屬於中國，但事實上 70 年前就已在英國人的管轄之下了，英國人在這裡開設了一家非常大的造船廠。現在這個重要的港口已經由英國人管理了，港口名義上屬於中國，而管轄權卻是英國的。

穆罕默德・穆薩先生對我非常熱情，得益於他使我認識了這個城市中的很多社會名流。他們中有很多伊朗大商人，也有很多印度大商人。那天通過穆罕默德・穆薩先生我認識了很多富商，能夠在異國他鄉遇到這樣一群人令人欣慰。我一直記得在這裡度過的日子，我也感贊造物主對我的恩賜，作為伊斯蘭教標識的賽倆目在穆斯林之間產生了真誠的兄弟情誼。

我結識了一位居住在香港的伊朗商人，名為穆罕默德・乃瑪茲（**محمد نمازى**），他是一位伊朗穆斯林，對信仰非常虔誠，在這個城市經商。他是才俊的模範，會說西方語言，又懂阿拉伯語，我們之間聊了很多。（674）

之後我又結識了阿布杜嘎迪爾（**عبد القادر**）先生，他是一位孟買人，也是富商。就這樣，一天之內我結識了很多大人物，並參與了他們的私人聚會。

這個城市中有很多穆斯林，但孟買什葉派中的伊斯瑪因派占多數，他們大多都是鉅賈，孟買的大多數生意都掌握在他們手上。比如這裡就有一個叫阿布頓拉・凡給熱的人，他出生在香港，是香港最早的穆斯林之一。

阿布頓拉・凡給熱可以說是香港的締造者。這個城市的水電都歸他經營管理。儘管他的名字中有「貧窮者」一詞，事實上它是一位鉅賈，他還經營一些飯店、旅館、浴室等等。是他為這座城市開設了電車，不過現在由於年事已高，他將電車生意移交給了市政府。穆斯林以從事基礎設施建設的方式證明著自己的能力，確實讓人欣慰，也值得稱讚。

八十九、香港城

香港是座不大的城市，這座城市延伸至半山腰處，城裡種滿了各種樹木，每個庭院都有私人花園，房子甚至都蓋到了山頂上。山頂至山腳由電車和電話聯繫，山腰裡的街道整潔美麗。這是一座商業城市，凡是從商的人都來此經商、定居。然而我沒見到過一個俄國人和奧斯曼人。我四處打聽尋找，最後找到了一群阿拉伯人，他們也算是奧斯曼帝國的人。

然而最讓我身心疲憊的是在高地和城市社區之間來回穿梭。有幾輛專門擺渡的小車，但如果要到高處去，可乘坐由兩個人抬著的高馬（كوروما），（675）這讓人非常勞累。抬高馬者將一把椅子放在兩根長長的木棍之間，乘客坐在椅子上，然後由兩人抬著爬往高處。這些抬高馬的人全是中國人，不管怎樣他們也是人，跟我們一樣，我們只是付給他們幾個錢而已，但竟可令他們抬著爬往高處。如果你看到這些可憐的人，覺得他們好像是在匍匐前行，抬著客人爬往三四百米的高地。也有人只給很少的錢，就要求他們抬他去一公里之外的地方。我發現他們身上承重的地方似乎是一層死皮。這真是讓人難過，我想文明的歐洲人是不會談及這件事的。那些歐洲動物保護協會的人在這裡卻讓人幹著動物都無法承受的活，儘管如此，他們卻自認為自己是文明與人道主義的呼籲者。

我經香港去了廣東，以上便是我了解到的關於這座城市的信息。

九十、廣東（廣州）

廣東（كانتون）距離香港有三個小時的船程，假如你從港灣乘船便能看到廣東城，每天都有好幾趟往返於兩城之間的船隻。因此，一個人可以當天去第二天返回，或者早上去晚上就能返回。

廣東城是中國最古老的城市，居民超過 150 萬，毫不誇張地說所有居民都是中國人。即便如此，還是能碰到很多基督教傳教士和歐洲商人。

你會發現這裡的世居居民中有很多穆斯林，據說這座城市中的清真寺多達 50 座。（676）在這座城市裡我最慶倖的是自己能親眼看看那座由撒阿的·本·艾比·宛嘎斯建的清真寺，然而，看過後很是痛心。

正如我前面所提到的，廣東是座歷史非常悠久的古城，伊斯蘭教就是經由這座城市傳入中國這片土地的。所有的中國人都是這樣說的，伊斯蘭教首先在這座城市立住了腳，然後經廣東這道門傳入中國內陸地區。

的確，真主援助了我們的撒阿的先生—— 他是十個以天堂報喜者當中的一位—— 讓他為這片土地上的人帶來了伊斯蘭教，並建了清真寺和學堂。他建的清真寺至今留存，寺的內外透露著古樸之氣。清真寺幾乎要塌了，古老荒蕪，半邊廢墟，半邊立著幾根柱子。與清真寺相連的是一座墳墓，據說這是一個叫尕西姆（قاسم）的人的墳，他是撒阿的·艾比·宛嘎斯的同伴。我看到石刻上寫著建寺日期，碑石過於陳舊，字跡難以辨認，不過我還是能認出來：「該寺第二次建成於（588）年」，不過個位數不是很清晰，應該是 6 或者 8。阿拉伯文下面有中文寫的建造日期，一個中國人給我翻譯說這座清真寺是 814 年前建的（現在是西元 1909 年）。

不管怎麼說，這座清真寺大概的建造時間至少是清晰的。但令人疑惑的是這座寺的建造者竟然是艾比·宛嘎斯（願真主喜悅他）。不可否認這的確是一座很古老的清真寺，是伊斯蘭的遺產，中國的歷史書中早有記載。這可以確定兩件事情中的一件：（677）

要麼史書中記載了沒有根據的傳述，要麼這座城市中有某種伊斯蘭的遺跡。（我比較傾向於第一種）。在米哈拉布前有很多陳舊的板子，上面寫著阿拉伯文。總之，這片土地上我們的撒阿的先生是非常有名的，這裡的人在他的墳上尋求慰藉，就如我們那裡的人在艾比·阿尤布·安薩里[1]（أبى أيوب الأنصارى）及其他聖門弟子的墳上尋求慰藉一樣。

參觀完之後我覺得這個清真寺需要修繕。我去拜訪了負責人及阿訇，問他們為何沒有維護修繕。他們說清真寺沒有臥格夫，而且這一地區比較貧困。我建議他們創建一個募捐帳戶，他倆只是聳了聳肩。在廣東還是商業中心的時候，數以千計的外國人往來於此，每個來客都特別想去看看這座清真寺，但遺憾的是，每個來過這座清真寺的人都會將清真寺年久失修的原因歸於中國伊斯蘭教的衰落。

我偶遇過一位來自哈勒頗（حلب）的猶太人，我的第一感覺他是一位奧斯曼學者，因為他身著中拜，頭戴爾瑪麥。向他問好之後，我用阿拉伯語問他是哪裡人，他說：「我是土生土長的哈勒頗猶太人。」

他對我說：「穆斯林確已疏於保護宗教，不然我們不會看到一座由十個以天堂報喜者當中的一人所建的清真寺會敗落成這般景象。即便尚無確鑿的證據表明該寺確是撒阿的修建，難道穆斯林就不能以保護此人的聲響為榮嗎？基督徒每年都會重溫耶路撒冷的一些聖地，而不管那裡是否與他們真有淵源。」

---

[1]　艾比·阿尤布·安薩里，全名艾布·阿尤布·哈立德·本·宰德·本·庫賴義布安薩里（أبو أيوب خالد بن زيد بن كليب الأنصاري），著名聖門弟子，歸真於伊曆 52 年。

　　猶太人的話刺痛了我，我竟無言以對。像我這樣的老人能做些什麼呢？慚愧使我無顏再見這個猶太人了，（678）也沒有勇氣再問他的身分及他來此地的緣由。他說的這些也是英國政府的說詞。

九十一、又見基督教傳教士

　　基督徒如昆蟲般在整個廣東地區雲集。此前我已提及中國的每個省分都能看到他們，但較之中國其它的省分，廣東的基督徒人數最多，因為廣東有著重要的地理位置。控制廣東意味著控制了中國的門戶，因為香港已經成了英國的殖民地，過不了多久廣東就會步香港的後塵，現在的廣東幾乎已經在英國人的統治之下了。廣東的基督徒人數越多，基督徒就越想插手干涉廣東的事務。基督徒已經取得了干涉中國事務的特權，因此他們確信以宗教作為掩飾，實現殖民統治是最便捷的途徑。這是英國人在中國推行的策略，也是對整個東方的策略，他們努力使東方人相信沒有什麼比宗教更重要了，我們東方人的所有城市裡充斥著這種言論，他們通過傳教企圖實現他們的政治野心。他們在整個東方建的所有學校都是宗教學校，在我們的城市裡，包括哈里發之地的中心城市，法國和美國富商出資數百萬修建學校就是為基督教服務的，因此每年有數千名小孩會成為獵物，落入敵人之手。對基督徒的膚淺瞭解是一種極大的疏忽或漠視，疏忽的人也許要警惕，而漠視的人應當反思自己。（679）

　　我走訪過廣東及其周邊一帶的很多教堂。當時我是中國遊方僧打扮，我向他們解釋說我是中國六城地方的遊僧，這件事上我聽從了著名旅行家拉德洛夫的建議，我們在哈爾濱見面的時候他告訴我的。我當時說的是喀什噶爾人的方言，他們中有人充當翻譯。他們的確以為我是喀什噶爾人，引用新疆穆斯林的一些習俗跟我長篇大論講伊斯蘭教法。我當時假裝什麼也不懂，對他們說基督教傳教士在六城（آلتی شهر）和塔城（تارباغاتای）的一些非穆斯林中取得了很大成功，事實上他們並沒能對穆斯林產生什麼影響。

這些基督教傳教士對我表現出了極大的熱情，帶我遊覽了整個教堂，並讓我觀看了教堂裡的房間及他們所使用的一些設備，希望我住上一個星期或十天，他們點頭哈腰滿臉堆笑，就好像他們是專門為我服務的侍從或僕人，他們不斷強調熱情好客是基督教的美德。

而我自始至終都表現得像一個無知者，並且表現出一副過幾天一定會回來這裡做客的樣子。我發現他們為我準備的那個房間很適合禮拜和坐靜，我當時的想法就是找個辦法離開這個地方。他們極力挽留我，但感贊安拉，在他們迷惑我之前我就離開了。那天出來之後，我並沒有在這個城市逗留，而是搭乘最後一班渡輪回到了香港。

當一個人真正去思考我的行為及這些基督教傳教士的熱情時，就不得不讚歎他們的耐心和堅持。他們中大多數人確信他們的宗教有虛假之處，即便如此，他們為了自己國家的未來仍選擇利用這種虛假幫助他們實現政治策略，為此，他們忍受各種困難，在為國為民的道路上與家人和親友天各一方。（680）

他們中有些無知的人以宗教之名獻身，不過大數多人堅持著傳教的使命，還有一部分人為這些人的花銷四處籌資。我發現芸芸眾生中，有人為了自己的宗教而獻身，有人為了自己國家的前景而利用宗教，為了實現他們的高尚目標，成千上萬的人團結協作。

目前只有希賈茲地區不在他們的控制之下，至於東方的其它地方，你會發現他們無處不在。基督教傳教士宣教所做出的犧牲的確引人注目，讓人驚歎。

九十二、我們及我們的學者

我們真誠地想成為人們所說的先知的繼承人，但是當我們反思自身的時候，卻說不出我們繼承的是什麼，為什麼要繼承？每當這個時候，毫無疑問，我們會詛咒我們的墮落。我們的學者、長官、哈里發、富人都沒有意識到在這個世界上應當踐行這些使命。對於我們所處的環境，我無數次地惋惜。我們不僅放棄了對外宣教，

而且還不遺餘力地將青年人趕出伊斯蘭教,同時還以一些荒謬的理由將教胞斷為叛教者,他們只是一些普通的穆斯林。我們的穆斯林學者極為擅長判彼此為叛教者並混淆人們的視聽,我們中有些人被無知籠罩,沒有了伊斯蘭的鞭策,因此我們看到有些學者將斂財視為宗教,而放棄了為主道奉獻的義務,他們使教法成為愚弄人的工具,也使自身沉迷於愚蠢之中。假如我們能夠摸著良心看待我們的學者的情況和判決,我們便不得不承認學者才是悲劇的罪魁禍首。(681)

我們要沉默到什麼時候,學者在黑暗中還要沉湎多久,什麼時候才能履行自己的義務去向人們闡釋伊斯蘭的真諦,什麼時候我們才能意識到這些真相?當一個人思考這些事情時只有絕望,看不到希望的曙光,當無能為力時只能說「祈求真主改變我們的狀況。」

穆斯林的保護者去哪兒了?有良知的人去哪兒了?難道就沒有人責使我們的教眾去從事這項義務嗎?難道求知者中就沒有人探究自身的真實處境嗎?真實的處境就是,每個思考我們的處境的人最終會陷入困惑。

我在這座城市裡結識了很多印度穆斯林,與阿布頓拉‧凡給熱和阿布杜嘎迪爾‧爾撒兄弟見過好幾次面,我們一起討論了伊斯蘭世界的現狀,我們的談話內容也涉及到奧斯曼帝國的新情況。阿布頓拉‧凡給熱強調穆斯林的命運與奧斯曼帝國息息相關,穆斯林之間應當相互團結。

有一天,我參加了阿布頓拉家裡舉辦的一個聚會,當時來客中有很多地方名流,當輪到我說話的時候,我提到了奧斯曼艦隊協會的事,我說伊斯坦布爾協會是為伊斯蘭國家和教眾服務的,是捍衛宗教安全的,最後我強調了所有穆斯林參與這個協會的必要性。我看到阿布頓拉很受感染,他的眼裡泛著淚花,他說沒有什麼能夠阻擋他去加入這個協會,說著他擦掉了淚水,他說他很遺憾對穆斯林的整體狀況不瞭解。如果當時我鼓足勇氣,我就會列個募捐清單,因為當時在場的所有人都準備做點什麼,但我當時沒有做,因為這超出了我的使命。(682)

　　我在很多會議上談及過穆斯林的狀況，我知道所有穆斯林的心都往一處想，假如作為穆斯林表率的學者們能夠為大眾解釋合作和互助的意義，那麼毫無疑問穆斯林將會傾其所有為宗教的勝利而奮鬥。

　　尊貴的萊麥丹月到來時我剛好在香港，那天是 9 月 17 日，星期五。萊麥丹月的日子是恕饒的日子。當時香港的氣溫大概在 33-35 度之間，穆斯林在這樣的天氣履行這項主命是件值得稱讚和宣揚的事情。我們祈求尊高的安拉在這些吉慶的日子賜予我們健康，賜福我們。

　　有一天，我偶遇了一名男子，談話過程中我告訴他我去過廣東，於是話題便引到了撒阿的·艾比·宛嘎斯（願真主喜悅他）建造的那座清真寺的歷史上了。他說：「我出生在廣州並在廣州長大，五十年前我在廣州（كوانجو）城時，我看到清真寺的石頭上清清楚楚地刻著清真寺的修建日期。」這個人祖上是尼泊爾人，現居香港，名叫努爾曼（نعمان）。

　　我在中國的最後幾天是在海邊度過的，在東方這個遙遠的地方我結識了很多人。感贊安拉的襄助使我對穆斯林的狀況有了大概的瞭解，儘管穆斯林整體上的衰落之勢已人人皆知，但中國穆斯林的狀況更讓人絕望，毫不誇張地說，中國的伊斯蘭現在只是一個名字而已。我是那種真誠希望穆斯林在各個方面都出類拔萃之人，但是我們不該自欺，穆斯林衰敗的真正原因是沒有找到真正的癥結所在。（683）

　　即將離開香港了，但我在想去往哪裡呢？如何去。我沒有錢了，乘船去新加坡（سنغافورة）需要一大筆錢。通過陸路去東京[①]的旅行也許歷時幾個月時間，我不想給其他人言明我的狀況。我沒有解決此事的辦法，我也沒有找到能及時為我解決困難的人。在中國的三個月裡，我花完了口袋裡所有的錢，現在的狀況很窘迫。有一天，我結識了兩個阿拉伯青年，一個叫艾哈邁德（أحمد），另一個叫穆哈印迪尼（محى الدين），他倆很早之前就隨他們的父親來中國了，現已積累了一些積蓄，也

---

① 可能指開封。存疑。

成家了。他倆與當地中國人的關係很好。他們對我很敬重，並且不止一次地載我逛了整個香港。我們看到周邊有一些村莊，數量很多，其中有一些是穆斯林村莊。得益於兩個年輕人的引薦，我結識了很多人。我們去李楊府（لى ياك ـ فو）①村的一個穆斯林商人家做客，而這個地方的伊斯蘭教竟變得如此奇怪，讓人心痛流淚，基督徒遍地都是，無知在人群中蔓延，我們除了祈求安拉的佑助別無他法。的確，我們處於真正的陌生之中時就會說「伊斯蘭陌生的來，又陌生地離開」，但這句話我們並沒有說完整，我們可以接著說「親近陌生者吧，他們是教人行善的人。」（或者類似的話）。奇怪的是，我們只知道述及悲觀的那部分話，卻沒人將這句話說完整。這些可憐的中國穆斯林，生活在一個家戶過百的村莊，卻沒有一所學校，沒有人關心他們孩子的教育。當時招待我們的那位主人是哭著給我們講述這些事情的，他說他想自己出錢修一所學校，可是找不到老師。他把我們也惹哭了，我們也無能為力，我們派不出宣教者和老師，因此只能難過和惋惜。（684）

在這一點上我能力有限，我只能千萬次地感贊安拉，感贊創造和慷慨的安拉將我引導在伊斯蘭的道路上，使我和我的這兩位兄弟穆哈印迪尼和艾哈邁德因伊斯蘭而相聚，並使他倆成為我獲得很多信息的媒介，我多希望我有千條性命以便為伊斯蘭之道而奮鬥，伊斯蘭是一句讓我們至死都為兄弟的話語，也讓我們為一個教胞的病痛而晝夜相互祈禱。

九十三、中國沿海地區的穆斯林商人

中國所有的沿海城市中都有很多穆斯林富商，香港有一些名聲顯赫的穆斯林商人，如爾撒兄弟、艾敏‧班赫什、阿里‧里達、巴里吉‧瓦拉（باليج والا）、乃瑪茲和邁赫迪尤夫（مهدييوف）都是有名望的商人，他們在中國沿海的每個城市都設有聯絡點，他們的名字從日本至太平洋沿岸的許多港口的牌子上都能看到。

---

① 地名待考。

他們的虔誠眾所周知，他們以身為穆斯林而自豪。事實上這個地方有他們這樣的人對穆斯林來說是一種榮耀，他們中的大多數人我都見過。從香港到新加坡的旅途中，我跟穆罕默德・乃瑪茲先生是旅伴。他四十五歲，是一位誠實的穆斯林，英語講得很好，一副富商行頭。後來他告訴我，他在中國、印度和伊朗做生意，正準備在美國和日本開商鋪。儘管他還很年輕，也很富有，但他有著謙虛、寬厚、好客的品性，像他這樣的人能有這樣的品性是很少見的。（685）

俄國的穆斯林商人大多從事茶葉貿易。假如他們能和這位乃瑪茲先生或如他一樣的人接觸的話，那麼他們的信仰會更加堅定，而且精神上的受益會遠遠超過物質上的收穫。但是能有什麼辦法，我們如行屍走肉，身體麻木，彼此之間如死人一般互不瞭解。我和乃瑪茲先生談了很多，也從他那裡學到了很多，尤其是當我問他有關中國的一些貿易地點時，我們的看法相似。

中國的商業是新近開始的事，只是商業沒有得到應有的重視，商業形勢一片大好，據說利潤很豐厚。不過，就我們所瞭解到的情況來看，在外國人的統治下，現在英國人獲利最多。英國最大的經濟來源地就是中國，我所遇到的每個人，無論是誰，談及此事時答案都一樣。總體來說，乃瑪茲先生對所有穆斯林的遭遇表示惋惜，而對奧斯曼人中的從商者尤為惋惜。的確，我們的教胞在經商方面的欠缺令人難過和遺憾。

這次旅行及以前的旅行中我去了很多地方，我發現那些名聲顯赫的穆斯林商人都是伊朗人、印度人和中國人，包括一些阿拉伯人，卻沒有奧斯曼人。

回顧整個穆斯林群體，無論是哪個地方、哪個民族，他們都喜歡奧斯曼人，他們也希望能在貿易方面見到更多的奧斯曼商人。我覺得對奧斯曼人的這種親近不僅體現在穆斯林身上，甚至整個東方都是如此。我在北京曾聽過一位印度非穆斯林的演講，當時聽眾有五百多人。演講很長，當談及奧斯曼帝國的變革時他說：「奧斯曼帝國的發展是整個東方人的榮耀，奧斯曼人的命運與整個東方人的命運休戚相關，（686）他們的滅亡即是東方的滅亡，因此我們希望奧斯曼人在這場較量中能立住

腳。」他的演講贏得了聽眾的稱讚和熱烈的掌聲。我在前面已經說過日本人對奧斯曼人極為敬重。

我認為新一屆奧斯曼政府如果考慮周全，並且與東方所有的民族建立貿易關係，開啟互通交往之大門，那麼毫無疑問，無論是思想上還是物質上都會受益匪淺。事實上，在中國，凡是我所到過的地方我都提及此事，我也強調過重新建立起東方之間的聯繫的緊迫性，我的這種觀點得到了很多人的讚賞和認可。

九十四、離開香港

現在我將要離開香港前往新加坡。我以 75.76 美元的價格買到了東方公司亞洲號的二等船票。

伊曆 1327 年尊貴的萊麥丹月的第三日，我帶上行囊前往離開香港的碼頭，當時有很多前來為我餞行的教胞和親友，他們拿著水果及其它禮物。當時，穆哈印迪尼的小船也來了，我們將我的行李搬上他的船向著輪船駛去，我們辭別了一些親友，還有一些親友一直把我送我上輪船。十二點整的時候，我們登船啟程了。在小船上的那些親友跟著輪船航行了二十分鐘。

我心裡默默思索並自語：這就是伊斯蘭教，多麼偉大的宗教啊！多麼高品級的宗教啊！我跟他們之間唯一的紐帶就是伊斯蘭教，他們給予我的所有喜愛與尊重皆因我是穆斯林，（687）他們對我並沒有物質或經濟上的索求，這兩三天的時間裡所有的相識與喜愛，都源於宗教上的親近。

我們所乘坐的船是世界上最大的輪船之一，航速是十海里每小時，船裡面猶如一個小城市，乘坐著來自世界各地的人。英國人、法國人、美國人、日本人及中國人，穆斯林只有我和穆罕默德‧乃瑪茲兩人，他在頭等艙，我在二等艙。

船上大多數水手是印度穆斯林，而船長及船上的其他負責人都是英國人。

乃瑪茲先生整理他的行李時，我是唯一一個在甲板上的人。與這艘巨輪相比，乘客略顯稀少。一小時後，開餐鼓聲敲響了，這個鼓聲同我們所熟知的齋月裡的鼓聲十分相似。

現在我真的遇到了大麻煩，我要去吃飯但不懂語言。飯的種類很多，我要如何做才不會陷入困境呢，我可不想餓著肚子。我不得不說其中有些肉食是有經人宰的，但還是有不合法的肉食。我該怎樣區分呢？我該做些什麼呢？看來只能吃麵包、乳酪、黃油、包菜和魚了。我對此次旅行中的用餐很懊悔，如果我封齋，那麼我就不會吃這些食物了。

九十五、穆罕默德・侯賽因・乃瑪茲

乃瑪茲先生是一位德高望重的穆斯林。儘管他坐頭等艙，但只有在睡覺吃飯的時候才回去，而其它時間都跟我一起在我的船艙裡待著。

我跟乃瑪茲先生聊了很多很深入的話題，期間我們談到了政治、奧斯曼帝國的狀況、伊朗的狀況及其它方面的內容。（688）乃瑪茲先生是一位眼界開闊，很有見解的人。他談的最多的是伊斯蘭的前景，而關於這件事我們談了很多次。有一天我對他說：

—— 你對穆斯林的未來有何看法？我們如何在敵人的陰謀面前保持我們的本色？你能跟我說說你的想法嗎？

—— 這件事我想了很久，但是我還沒想到任何方法，我還想著聽聽你的想法呢。既然如此，那我就說說我的想法，不當之處你一定要補充。我認為如果有某種方法可以改變穆斯林的現狀，那就是在穆斯林群體中建立穩固的關係，實現穆斯林的團結，否則穆斯林就有生存危機。不管誰統治伊朗或奧斯曼帝國，但必須要實現協作和結盟。一旦有了結盟互保，那麼無論何時何地都能保全民族和宗教權益。（他的確是個信仰堅定的人。）

—— 那有什麼辦法能夠實現團結互保呢？

──　說到辦法，真是讓人無奈。如果我們都能緊抓安拉的繩索，每天在清真寺相聚五次，對於團結互保，難道你認為還有比這更好的辦法嗎？因此，我認為除此之外，尋求其它團結互保的法子是徒勞的。我們要有認識到這些要素的眼界，話說到這裡，我們不妨說的直白一些吧，簡要來說：

你們遜尼派尊崇阿里，伊斯蘭是安拉下降給那些尋求正道之人的，而我們什葉派詛咒艾布‧拜克爾和歐麥爾，那麼顯然我們之間是不能團結一致或達成協議的。我們什葉派整體來看在穆斯林當中比較自大，而遜尼派的教法學家也如洗屍人手中的屍體一般變得僵化。（689）這種情況將整個伊斯蘭群體推向絕境，而我們卻沒有察覺。你們不會從你們的學者手中獲得解脫，我們也無法逃脫我們的創制者之手，因此無計可施啊。

──　我認為遜尼派是比較包容的，我們提到阿里，願真主喜悅他、慈憫他，在喜悅穆聖的家下這一點上我們是沒有分歧的，就我們遜尼派而言，我們對所有的事情都能包容。

──　當我跟你說話的時候，我注意到你臉上的變化。當我說你們的學者及你們中的一些人是無知者時，你的臉色不太對。即便你盡力表現出你是一個非常包容的人，但你的本色還是有所流露。這對你來說很難接受，對我也是一樣。之所以如此，是因為對我們來說這是第一次，否則我們都不會像現在這麼難受。穆斯林群體中無知的學者太多了，而且這種情況逐日增多，所以我們都處在一個缺乏智者的荒蕪時代。

就這樣，我與乃瑪茲先生聊了很多，也聊了很多非常輕鬆的話題。

事實上我確有很多關於自由和絕對自由的話題想說，但乃瑪茲先生在所有方面都先於我而談了。我確定他是一位恪守宗教、堅守正道的虔誠的穆斯林。

我們離開香港的那天乃瑪茲先生封著齋，我問他：「你為何今日封齋，對於旅行者安拉沒有允許他可以日後還補嗎？」

—— 對我來說今日必須封齋，我不符合旅行者的條件，我是這裡的常住之人，我剛剛離開還不符合條件，明天我們就可使用我們在旅行中的規定了，托靠真主。

一個商人卻有著如此豐富的宗教知識，我們很少會在我們的商人身上發現這些品質，一個人如果碰巧遇到乃瑪茲這樣的人那真是一件幸事，他的阿拉伯語非常好，波斯語是他的母語，烏爾都語講得很流利，英語也是如此，（690）他的宗教恪守是另一個優秀品質，說實在的，遇上他確實是我的榮幸。

有一天，我問他關於中國人的品性及生活狀況的事。他當時的回答如下：

—— 中國人目前的狀況仍不明朗，你也看見了，無知包圍了他們，這不用多說。至於品性方面，我感覺他們尚未完全腐化，我們與他們之間在商業方面的交往尤多。他們言而有信，可以信託，你別想著他們會出爾反爾，事實上，他們很遵守承諾。他們通常不會耍陰謀詭計，如果有人想從他們那裡買東西，只要討過價還過價，那麼東西就是他的了，不用寫收據或證明之類的手續。即便是兩小時後商品價格變動，他買的東西仍不會受到任何影響。他們中有人認為信任就是協議，一言既出，就不許反悔，一切都得按原定的價格進行。從這些方面看，如果說中國人是這個世界上素質最高的民族，那也絕非誇大其詞。

中國人經商的第一條原則是勤儉，第二條是誠實，無論有沒有書面合約，一旦交貨的時間議定，是某日某時，如果不出意外，沒有人會爽約。

然而，他們在看外國人和英國人時，是一種尤為不懈的眼神，他們認為外國人品行最差。因此，中國人常說「英國人自大、自私、目中無人、品行極差。」（691）

雖然當前中國人忍受著英國人的壓迫並討好英國人，但我認為這種情況是暫時的，他們將英國人從自己的土地上驅逐的時刻會到來的。

至於印度人，他們自古就是習慣被奴役的人，英國政府肆無忌憚地壓迫他們，但看不到有哪個印度人進行過任何的反抗，中國人則相反，他們是忍受了一段時間了，但他們一直在證明著自己的存在，因為他們習慣了成為掌握自己命運的民族，所以不能將印度人和中國人相提並論。中國人是一個掌握自己命運的民族，而印度人和埃及人順服所有統治他們的人，他們確已習慣了順服外族。

中國人數千年來就是一個獨立自治的民族，因此他們不會輕易屈服於外族的統治。因為他們是體格極為強健的民族，軍人勇敢。他們為了國家的利益忍辱負重，但他們吶喊復仇的日子會到來的，這是可以預見的。

我們應當補充一點，中國這個民族缺乏創新，他們靠的是人力，他們的籌劃沒有創造性，所以如果他們創建英式教育，那麼就會不加改變地接受這種教育，但英國不會毫無保留地去教一個被自己統治的民族。僅這一點來說，英國希望被自己統治的民族更加愚昧才好。他們統治印度長達一百多年了，印度人中卻找不到知識水準很高的人才。

假如我們看一看埃及人，就會發現他們面臨著同樣的問題，英國三十年前就占領了埃及，但埃及至今還沒有三十個有擔當的人。埃及人是學不到東西的。實際上埃及人從英國人那裡學到的知識非常有限。（692）

還有一些事我至今難以理解，我希望你能幫我解開謎團。的確，東方人總體上對歐洲人的信任是超乎尋常的，這是什麼原因呢？尤其是統治者，所有事都諮詢歐洲人。我不知道其它民族是怎樣一種情況，但我所知道的是伊朗人在各種事務方面都遵從歐洲人的建議，我認為奧斯曼人在絕大數事情上與伊朗如出一轍，但我永遠都不會支持他們。舉個例子，我是商人，還有另外一個商人——兄弟或朋友，他是我的競爭對手，如果他向我諮詢生意上的事情，儘管我品行高尚，但當我意識到他是我生意上的競爭對手時，我就難以展示出自己非常高尚的一面了。

我從報紙上看到新一屆奧斯曼政府邀請顧里吉（غولج）①巴沙進行一些軍事上的改革。邀請在素丹阿布杜哈米德時期就已經發出，不管他有沒有能力進行改革，但我們不能上他的當。也許顧里吉是個好人，但他不會希望奧斯曼軍隊強過德國軍隊，因為像顧里吉這樣的人，應當是他那個民族所喜愛的人。

故而我對東方民族身上所發生的這些事無法理解。伊朗被俄國軍官整天牽著鼻子轉，統治者看俄國軍官的臉色管理國家，中國則按照英國人的建議管理自己的國家。我不知道到底是什麼致使東方人失去了獨立思考。

我們將日本自然地排除在了東方之外，因為日本人起初引進了歐洲的所有東西，但是數十年之後他們將那些東西全部日本化了。今天，日本—— 這個小國家—— 產品出口額達到了數十億。（693）日本的大多數工廠我都參觀過，他們的管理者、工人、技術人員沒有一個是外國人。他們堅信日本是屬於日本人的。再看看中國、奧斯曼帝國和伊朗，它們的國家事務都由外國人掌管，這樣的國家是不會長存的。我是伊朗人，但我對自己的國家不抱多大希望，因為我們最大的災難是缺少有擔當的人。

我跟乃瑪茲先生就這樣一路暢聊，只有在睡覺或者寫作的時候才會分開。

渡輪的重量是 7376 噸，6500 馬力，沒有什麼值得顧慮的。二等艙的人很少，其中有兩個中國人。用餐的時候所有人都圍著一個餐桌，而兩個中國人則坐在另一張桌子上。同樣的飯，同一個時間，不同的桌子。我不知道他倆是怎麼想的，每頓飯都是這種情形。他們身上的民族服飾整潔乾淨，但他們為何不跟我們坐到一起吃飯呢。這個想法困擾了我好幾天，有一次我問乃瑪茲先生，他說：「我也不知道，我們打聽一下吧。」於是他叫來了餐廳服務員並問了他，而服務員說：「因為他倆是中國人。」他們遭受的這一切都源於他們是中國人。他們付的船費跟所有人一樣

---

① 奧斯曼帝國在進行軍隊改建時聘請的德國軍官（原譯者注）。

多，跟我們一樣都是人，然而他們的長辮子及他們的中國服飾卻使文明的歐洲人對他們深感厭惡。

九十六、船工

我前面說過，這艘船上幾乎所有的船工都是印度穆斯林，關於他們，此處不再贅述。但是，親愛的讀者朋友們，我給你們提及過日本的船員。而現在，我們正置身於世界上最大的船運公司的最大的輪船的船員當中，這艘船由世界上最文明的民族所掌管，毫無疑問，船上的大多數乘客都應該是修養很高且見多識廣的人，（694）船員的素質應當與船的標準和乘客的層次是相匹配的，然而遺憾的是（無比遺憾）我在英國人和印度人當中尚未發現喜愛閱讀的人。我問一些船工他們是否識字，得到的答案是否定的。乃瑪茲先生向一個英國船員問了同樣的問題，他告訴乃瑪茲自己不識字，而且他臉紅了，似乎有點不好意思，也許他碰巧是個紅臉蛋吧。

歐洲人將這種無知推到了伊斯蘭教和穆斯林身上，卻沒有人提及英國人在一百年前就已經統治了印度，並且以文明的名義侵占了這個國家一半的資源。所有的好處都是英國人的，而醜惡卻成了穆斯林的。怎麼能這樣呢。乃瑪茲先生說：

——　你在中國的時候，沒有遇到語言上的問題嗎？

——　遇到過，但還沒到抓狂的地步。雖說如此，但我在一些非穆斯林那裡飽嘗了饑餓之苦，因為他們只懂漢語。

——　我走訪過中國的很多地方，語言問題的確很困擾人。不過，我能找到會講英語的人。

——　你去的是哪裡？

——　我通常都在南方一帶，我發現法國的殖民地有會講英語的人。

九十七、中國的議會

我問乃瑪茲：「你如何看待中國新近成立的議會？」

乃瑪茲先生說：「如果中國的民眾不能完全理解議會是什麼，那麼我並不認為中國政府能夠通過議會實現國家改革。（695）

從根本上講，我並不否定議會的作用，我想說的是，議會需要真正的賢士，民眾選舉的代表無法通過議會行使權力，俄國議會制和伊朗的委員會就是很好的例證，包括奧斯曼人的代議制。

雖說中國要實行議會制，但他們缺乏議會制的經驗。中國已經向內地派了三百個學生，在城鄉之中宣傳如何選舉、被選舉人的條件及委員會成員應承擔的義務，所有這些，中國人需要學上三至五年才能明白，這還不包括老年人在內。因此，中國的議會制是達不到他們所期待的結果的，他們會明白選舉的方式和規則，但不知道將手中的票投給誰。」

—— 中國的普通民眾如何看待這件事？

—— 你覺得他們會怎麼想呢？他們還沒有明白議會制的意識呢。他們會說「沒有了皇上（بوغديخان）國家怎麼辦？」他們會覺得議會是件不可思議的事。事實上，這件事還有另外一個辦法，即相關負責人如果決定做這件事，那麼，他們需要從外國侵略者的手中奪回國家管理權，並將這個國家治理上最少十年，屆時，民眾就會投票組建一個合理的議會，選出一些合適的人選。你也看到了，今天的中國，很多學生去海外求學，尤其以日本居多，有很多學生今年即將畢業，這些人將會成為中國民眾可以依靠的重要力量，而且，這樣的人數量每年都在增加。但條件是他們必須管理國家至少十年。

我跟乃瑪茲先生就這樣閒聊著，他告訴我他的岳父也是個商人，名叫宰尼·阿比丁（زين العابدين），掌管著很多輪船。也就是說，我們的這位乃瑪茲先生是一位擁有兩方財產的主人。（696）

我儘量利用這次機會與他交談。有一天我們談到了奧斯曼艦隊的事，聊了一些穆斯林是否資助奧斯曼艦隊的事。

乃瑪茲先生說：「其實資助是應該的，畢竟那是關乎所有穆斯林的事，等我到孟買了，我跟其他商人說說這件事。」

九十八、我們搭乘的輪船

輪船很宏偉，船上一切如常，包間裡也一切正常。這家船運公司是世界上最大的船運公司，其所有船隻的承載量加起來為 417263 噸，總動力為 443922 馬力，其中最大的船是馬其頓號（مكدونيا）（10512 噸）。

這些船往返於橫濱與倫敦之間，航程為 11628 英里。每週都有往返的船隻。這些船是否會出故障呢？我不敢斷言定會發生故障，不過我也絕不會憑空捏造。

眾所周知，從香港到新加坡沿著赤道方向行進，航程為 1440 英里，晝夜溫差在 35 攝氏度至 46 攝氏度之間，無論是包間的乘客，還是普通艙的乘客，都找不到可供休息的地方。船長室的頭頂是專門為頭等艙乘客安排的散步區，然而，白天沒有雲層遮擋，人很少去那個地方散步，只是偶爾去那裡休息一下。真是糟心，乘客們竟然找不到一個可以休息的地方。

我支付了 75 美金買了去新加坡的二等艙，勉強可以找到一個能坐的地方，但裡面實在太熱了。（697）乃瑪茲先生付了四百多美金買了去孟買的船票，但他跟我一樣，找不到休息的地方。我們被高溫蒸熟了，甲板上的空間很大，但只能散步，沒有可以坐的地方。

有什麼辦法嗎？還真有。你可以花幾美元買一把椅子，上面寫上你的名字或掛上你的名片，作為自己的私人財產。然後下船的時候將椅子送給你住的那個客艙的服務人員，椅子就會成為服務人員掙錢的工具。不過，這事如果發生在東方人的身上，西方人會長篇闊論，並通過報紙和雜誌不斷爆料。但如果發生在西方人身上，那就是一件普通的事情，而且也是文明的需要！！

九十九、臨近新加坡

到達新加坡的前一天，船外想起了警報聲。恐懼四處蔓延，乘客和船員各處奔跑，這些人由於極度的恐懼跑得氣喘吁吁。

很多乘客跟我一樣，不懂外語。所有人都在詢問到底發生了什麼事，畢竟我們在船上，任何事情都有可能發生。船員們迅速放下小艇，其他人則爬上了甲板。最後，我們終於知道是怎麼回事了！我們的船提前了幾個小時，因此，船長利用這個機會想測試一下船員的應急能力，換句話說，就是看這些船員中誰的應急速度最快。船長向水裡扔了個東西，然後拉響了警報讓船員們進行打撈。（698）

船員們身著橡膠衣，潛入海底深處開始搜尋，船在海浪中靜靜地待了三個小時，應急措施和打撈競賽真是件奇怪的事。

打撈終於結束了，而打撈的東西是一個裝著 10 里拉的錢袋子，據說這筆錢將會分給打撈獲勝的一組，而且，贏得次數最多的一組將會得到政府和公司的雙重獎勵。

這次打撈獲勝的是一位印度籍軍官，他的成功並非易事，當時他站在拋物點的對面，是第一個將目標物打撈上來的人。我坐過很多次船，但像這樣的測試我還是第一次遇到。

另外，我對眼前這種讓乘客遭罪的偏執之事感到厭煩，我自言自語，真的有必要拉響警笛驚嚇乘客嗎？

在此期間，我碰到了乃瑪茲先生，我問他「有沒有嚇到你？」

　　—— 警笛拉響的時候我還在睡覺，我還以為我們到新加坡了。我旁邊有一
　　　位女士大聲叫喊著說船要沉了，確實有點嚇人。不過，她的話我是不信的。
　　　我在想，這個船長可能經常搞這種突發事情。

有一次一位女士向船長表達了不滿。我們的乃瑪茲先生經常乘坐這艘船，對這
種情況早已習慣了。儘管他是一個有民族偏見的人，但我們之間的友誼是牢固的。
他對我說我們應當適應歐洲人的行為。

萊麥丹月的最後一個星期我們到達了新加坡，我和乃瑪茲先生就要在這裡分別
了，希望他平安到達孟買。（699）

一零零、結尾

到達新加坡，我的旅行記述也該告一段落了。

從俄羅斯到符拉迪沃斯托克我走了 14000 公里，從日本到朝鮮，再到中國，最
後到達新加坡，我走了 7346 英里。

截止目前，我在旅途中的所有花銷不算太多，總之沒有超過 100 里拉。我花費
了兩年的時間，而這兩年中最重要的事情就是旅行。《古蘭經》命令我們應當旅行
的內容不是十三段，而是十五段，而穆斯林卻將社群主命（الفرض الكفائى）[1]完全忘
記了。感讚安拉，我已完成了這項社群主命的一部分。

我希望我的這項社群主命的後續部分是有價值的。這的確是一個不可多得的機
會，也是對主命的順從和宣教。感讚安拉，我也有了擔起這項使命的福分，對於如

---

① 按照個人和群體的視角分類，伊斯蘭教的主命可分為個人主命和社群主命。個人主命就是
　　個人必須完成的宗教功修，如念禮齋課朝五項功修，履行有回賜，放棄有懲罰；社群主命
　　是如果部分人履行了，大眾就脫去了責任的主命，如齋月在清真寺裡的坐靜、參加葬禮等。
　　總體上說，個人主命強調個人的宗教責任，社群主命強調個人對社會的責任。

我這般年紀的老人而言，順從主命與宣傳教門是兩項重大的使命，因此無論我怎樣感讚安拉都是不夠的。

一零一、插敘

宣教是伊斯蘭事務的頭等宗教義務，然而，近些年來很多人完全忘記了這項義務，特別是我們的歐萊瑪對此絕口不提。（700）

我們的歐萊瑪不僅放棄了宣教，而且對於各種詆毀和誹謗伊斯蘭教的事情也無所作為。我們的先輩們在每個時代裡對於詆毀伊斯蘭教的人堅決回擊（我認為這是很好的），他們擔起了應擔的責任。

我們生活的這個時代裡，很多西方人攻擊我們，他們散布各種謠言和謊言，而我們中的一些無知之人還在麻木地模仿歐洲人，做著不該做的事。

這種景象日益明顯。近些年，一些知識分子被捲入新知識的洪流之中，迎合年青一代。有思想的人，在信士中屬第二品級，他們怎會否認天使的存在呢？

有人說有些事情不可單靠知識來衡量，如此說來，不可單靠知識衡量的事情太多了。說這話的人難道不會臉紅嗎？如果我們的歐萊瑪中有人否認了五項主命，那麼對於如此無知的人我們還能說些什麼呢？我們對那些攻擊我們宗教的人又能說什麼呢，我們該說什麼呢？讓我們仔細想一想，讓我們以公正的眼光看一看，讓我們認真瞭解一下我們的處境。對於我們的處境，僅從個人做起是遠遠不夠的。

如果我們不向外人宣教，那麼僅僅以「信道的人們啊，你們當堅守宗教」告誡自己是不夠的。

我會在《伊斯蘭世界》一書的後續部分詳細闡述這一話題。祈求真主在我們行善的道路上佑助我們成功。（701）

一零二、提示

　　我在本書前面提到過一件事，即我在火車上碰到過一個外國女士，她本該在符拉迪沃斯托克來找我，給我講述那個塔塔爾年輕人的情況，當時我告訴她我們會在符拉迪沃斯托克城相見的，我在本書中記述這件事的時候沒有講後來結果如何。最主要的原因是我們後來沒有再見面。事實上，她找過我幾次，打聽過我的消息，有一次她來找我時給我留了一張紙條，紙條上用鉛筆寫著：我找過你三次，但次次都落空，由於一些法律上的限制，我以後就不能再來找你了。

　　這就是我沒有見到那個女士的原因，我也只能補充這麼多了。

一零三、趣事

　　在這次旅行之前的 1897 至 1900 年間，我過著到處旅行的日子。

　　1897 年的四月初至 1900 年的一月四日，將近三年的時間裡，我的旅行里程如下：（702）

　　我在這段時間的旅行，或步行，或騎駱駝，或騎馬，或乘船，或坐火車。我走過的所有路程為：

　　行程：

步行	騎駱駝	騎馬	乘船	坐火車
712	1831	10696	19779	43653

　　我的旅行從伊斯坦布爾出發，經埃及（مصر）、希賈茲和帖哈麥（تهامة）地區、巴勒斯坦（فلسطين）到達歐洲即義大利（إيطاليا）、奧地利（النمسا）、法國（فرنسا）、

保加利亞（بلغاريا）、塞爾維亞（صربيا），再到達俄國西部地區即高加索（ققفاسيا）、河外地區（布哈拉、土耳其、新疆），最後取道西伯利亞返回家鄉。

你們不要以為我把各個城市裡的旅行也加進來了，城市中的旅行我確實記在一個日記本裡了，不過我不想把城市裡的見聞寫進這本書裡，因為那些見聞眼下還只是些草稿，我希望後期能出版一些概要，托靠真主。

儘管這些都是題外話，但這確實是我曾經的行程。現在的我已近垂暮之年，也許我來不及寫自傳了，但我至少在書卷的世界裡留下了自己的足跡。

一零四、痛苦的記憶

的確，這次旅行及前一次的旅行中，我忍受了盤纏緊缺的痛苦，幾乎無計可施，但對我最具考驗的，也是我至今想起來最痛苦的事是我曾因為不懂而錯失了很多機會。曾經有很多機會擺在那裡，我也意識到並且深知這些機會的價值獨一無二，但我還是錯過了。（703）其中有一次我去參觀維也納（فيينا）博物館，館裡的人給我展示了一個封存在玻璃匣子裡的人頭。他們說那是卡拉‧穆斯塔法巴沙（قارا مصطفى باشا）的頭顱，並且指著一件寫有清真言的絲制長袍說它是這位穆斯林巴沙的袍子，甚至一位負責人信誓旦旦並驕傲地說這件袍子是在布爾薩（بورصة）裁制的。

假如我當時會講歐洲的某一種語言，我定會向那位負責人發問：「你們是從哪兒得到這件袍子的？人頭又是從哪裡來的？」

假如我懂那位負責人的語言，我定會給他指出卡拉‧穆斯塔法巴沙曾在圍攻維也納時駐紮在宮殿前面的那塊營地，我定會讓他尷尬的，可事實上我什麼也做不了。我試著跟他說了幾句法語，也許我說的不對，他並沒有聽懂我在說什麼，這就是不懂語言帶來的尷尬結果……我在特里雅斯特（ترييست）遇到過類似的情況，當時我聽到有個義大利人說了幾句極具侮辱性的話，讓我非常惱火。

在此次中國和日本的旅行中，我又錯失了多少機會呢？假如我會講英語，那麼我定會大有作為。真是萬分可惜啊，語言不通給我留下了遺憾，無論我有多麼遺憾，終究無濟於事，真是追悔莫及。

如果我再多一些才學，我定將遠東地區、日本、中國和朝鮮的地圖描摹在本書裡。真是遺憾啊！我承受過的所有困苦最終充滿了遺憾，無盡的遺憾。

儘管有些遺憾，但感贊安拉，感贊安拉，我所履行的這項義務，有不少像我這樣頭裹長巾的人也在履行著。這項社群主命在我之前的穆斯林大眾手中沒有被落下，這是安拉的指引，是安拉莫大的恩賜，我們對於安拉的感贊總是欠缺的。感贊安拉，感贊安拉。

至於你的主所賜你的恩典，你應當宣示它。[1]（704）

---

① 《古蘭經》上午章：11。

附件 1　阿布杜熱施德・伊布拉欣簡明年譜①

1857 年 4 月 22 日，出生於俄羅斯托博爾斯克省塔拉鎮。

1878 年下半年，在哈薩克的一些城市與鄉村任教。

1879 年 9 月，前往麥加朝覲，並在此生活了 5 年，期間學習了《古蘭經》誦讀、教義學和聖訓。

1884 年 12 月，經亞歷山大前往伊斯坦布爾，在伊斯坦布爾逗留數月後回到家鄉塔拉。是年成婚。

1885 年年底，再次前往麥加朝覲，完成朝覲後回到家鄉開辦了現代學校。

1890 年，由於沙皇政府對塔塔爾穆斯林的壓迫，他同約 7 萬名塔塔爾人被迫遷往伊斯坦布爾定居。

1891 年，回到烏法城，被沙皇政府任命為法官，因與當局意見不合，於 1894 再次遷居伊斯坦布爾，並在伊斯坦布爾生活了兩年，期間創辦了《青年之星》（نجمة چولبان）雜誌。

1896 年，前往布哈拉地區，號召突厥穆斯林為自己的權益奮鬥，6 個月後回到了伊斯坦布爾。之後開啟了長達三年的旅行，途徑埃及、希賈茲、巴勒斯坦、義大利、奧地利、法國、葡萄牙、印度和新疆。

---

① 編譯自阿布杜熱施德・伊布拉欣著，伊哈撒尼（إحسان وصفي）譯，薩利赫・邁赫迪・薩姆拉伊（صالح مهدي السامرائي）校，曼蘇爾・阿布杜巴給・布哈里（منصور عبد الباقي بخاري）修訂：《自傳》（阿拉伯文），麥加：乃百給遺產出版社（دار الميراث النبقي），2014 年/伊曆 1435 年第 1 版，第 23-45 頁。

1900 年，造訪日本。旅行結束後回到家鄉塔拉，創辦了《明鏡》（مرآة）雜誌。

1903 年，再次前往日本，因反對俄國當局，遭到俄國駐日本領事館的反對，被迫離開日本返回聖彼德堡。

1904 年，在奧德薩被捕入獄，兩個星期後獲釋，定居聖彼德堡並創辦了土耳其語雜誌《順從》（ألفت）和阿拉伯語雜誌《學生》（تلميذ）。

1905 年，在聖彼德堡創辦了哈薩克語雜誌《合作》（شیرکه），並呼籲在聖彼德堡召開俄國突厥穆斯林大會。

1907 年，創辦了《救贖》（نجات）雜誌。

1907 年末，遊歷塔什干和布哈拉。

1908 年 2 月，遊歷撒馬爾罕。

1908 年 9 月，經喀山遊歷西伯利亞，並到達蒙古，拜訪了達賴喇嘛（الدلاي لاما）。後前往滿洲里，並經滿洲里到達符拉迪沃斯托克港，由此乘船前往日本，在日本成立了名為「亞洲防禦軍」（قوة الدفاع الآسيوية）的協會，在東京建立了第一座清真寺。在日本逗留了大約五個月。

1909 年 6 月 15 日，離開日本前往朝鮮。並經朝鮮遊歷了中國內陸、新加坡、印度、麥加，之後經希賈茲乘坐火車前往沙姆地區，並經黎巴嫩前往伊斯坦布爾。

1911 年，前往利比亞參加反英侵略戰爭，為期 5 個月。

1912 年，回到伊斯坦布爾，創辦了《伊斯蘭世界》（دنيا الإسلام）雜誌。

1914 年，參加了俄土戰爭，並加入了「捍衛俄國突厥塔塔爾穆斯林權益」委員會。

1921 年年初，俄國內戰結束後，前往莫斯科為俄國穆斯林尋求幫助。

1923 年年初，在布爾什維克大清洗運動之際，離開莫斯科前往伊斯坦布爾。

1924 年，經新疆遊歷日本。

1925 年年底，與家人定居於土耳其科尼亞的一個鄉村。

1928 年，應邀前往埃及，並在埃及生活至 1933 年。。

1933 年 10 月，抵達日本，並定居於日本。

1944 年 8 月 17 日，於日本歸真，葬於東京的多磨靈園。

附件 2　阿布杜熱施德・伊布拉欣著述①

1.《伊斯蘭世界》（عالم اسلام），即《伊斯蘭世界及伊斯蘭教在日本的傳播》，奧斯曼土耳其語，伊曆 1328、1329、1331 年出版於伊斯坦布爾，是阿布杜熱施德・伊布拉欣連續三年遊歷土耳其、西伯利亞、中國、印度、滿洲里、日本、朝鮮、新加坡、希賈茲，最後抵達伊斯坦布爾期間的記述，分上下兩冊，1987 年由穆罕默德邦素（محمد باك صو）譯為拉丁文，1991 年由日本學者小松香織譯為日文，2011 年由薩利赫・邁赫迪・薩姆拉伊主持譯為阿拉伯文。

2.《論艾哈邁德之旗》（رسالة " لواء أحمد "），1985 年出版於伊斯坦布爾，旨在鼓勵塔塔爾人遷移至土耳其居住，本書在俄國秘密散發。

3.《青年之星》（نجمة چولبان），1895 年出版於伊斯坦布爾，1907 年聖彼德堡再版，是阿布杜熱施德・伊布拉欣 1895 年由俄國遷居至伊斯坦布爾期間所作，記述了俄國對突厥人的統治，以及他在奧倫堡法院的工作經歷。

4.《自傳》（ترجمه حالم），奧斯曼土耳其語，出版於聖彼德堡，出版時間不詳。

5.《獄中機密》（أسرار السجون），出版於喀山，出版時間不詳，記述了阿布杜熱施德・伊布拉欣於 1878 年至 1879 年間的獄中生活。

---

①　編譯自阿布杜熱施德・伊布拉欣著，伊哈撒尼（إحسان وصفي）譯，薩利赫・邁赫迪・薩姆拉伊（صالح مهدي السامرائي）校，曼蘇爾・阿布杜巴給・布哈里（منصور عبد الباقي بخاري）修訂：《自傳》（阿拉伯文），麥加：乃百給遺產出版社（دار الميراث النبقي），2014 年/伊曆 1435 年第 1 版，第 46-49 頁。

6.《1300 年的學說》（رسالة نظرية عمرها ألف وثلاثمائة），1905 年出版於聖彼德堡，是阿布杜熱施德・伊布拉欣致力於突厥人統一的希望寄託，為俄國穆斯林召開「俄國穆斯林團結大會」提供了思想來源。此書是第一本免受俄國政府審查的書籍。

7.《自治論》（رسالة أتونوميا），1905 年出版於聖彼德堡，討論了奧斯曼帝國境內少數民族的自主權及俄國突厥人的自治問題。

8.《論真正的黎明》（رسالة " الفجر الصادق"），1906 年出版於聖彼德堡，討論了俄國穆斯林的團結問題。

9、《環遊世界》（دورة العالم），塔塔爾語，1909 年出版於喀山，主要記述了阿布杜熱施德・伊布拉欣 1908 年日本之行期間的見聞。

10.《醫學知識及其宗教哲理》（معلومات طبية وحكمها الدينية），喀山塔塔爾方言著述，1907 年出版於喀山，主要討論了宗教功課如天課、大小淨及其醫學功能。

11.《良心裁決與公正之秤》（محاكمة الضمير وميزان الإنصاف），塔塔爾語，1906 年出版於聖彼德堡，1927 年再版於伊斯坦布爾，主要回應了基督教傳教士在塔塔爾人中的傳教工作。

12.《論亙古長傳的宗教》（رسالة الدين الفطرى），伊曆 1340 年出版於伊斯坦布爾，探討了人類信仰宗教的必然性、先知穆罕默德的生平、「法提哈」章的注釋和伊斯蘭教的高貴。

13.《危機中的亞洲》（آسيا فى الخطر），日本哈桑・奧胡（حسن أوهو）著，阿布杜熱施德・伊布拉欣與其日本朋友穆罕默德・胡里米・納卡瓦（محمد حلمى ناكاوا）譯，伊曆 1328 年出版於伊斯坦布爾，主要記述了歐洲國家對亞洲的非人道主義統治。

14.《一千零一次談話》（ألف حديث وحديث），穆罕默德‧阿熱夫別克（محمد عارف بيك）著，土耳其語，阿布杜熱施德‧伊布拉欣譯，出版於聖彼德堡，出版時間不詳。

15.《被歷史遺忘的篇章》（الصفحات المنسية من التاريخ），是穆薩‧紥熱拉（موسى جار الله）編纂的阿布杜熱施德‧伊布拉欣的回憶錄，1933年出版於柏林，分為兩部分：第一部分對阿布杜阿齊茲國王（السلطان عبد العزيز）在位期間外交政策所受的主要牽制因素做了分析；第二部分談及1922年俄國旱災，以及旱災期間俄國政府在歐洲各國為俄國境內突厥人開展的募捐活動，作者親自參與了這些募捐活動。然而文中關於素丹阿布杜哈米德國王沒有支持伊斯蘭聯盟的記述很是奇怪，有待考證。

人名索引

地名索引

譯後記

　　鑒於中國學界很少有人關注阿布杜熱施德・伊布拉欣的中國紀行，因此本次翻譯根據《紀行》阿拉伯文全譯本的上、下兩冊，將有關中國的內容全部進行了摘譯。阿文版最後一章的內容是作者離開中國赴新加坡旅途中的記錄，但這是作者對其遠東地區旅行的總結和思考，內容多涉及中國，因此譯者也對其進行了摘譯。

　　感謝我旅居沙特的好友金偉惠贈阿拉伯文全譯本，正是他慧眼識珠，讓我在2017年關注到了如此重要的旅行記錄。感謝日本的松本真澄教授、新保敦子教授、澤井充生博士、島田大輔博士、海野典子博士等學友的幫助和支持，特別是澤井充生博士給我提供了諸多日文研究資料，介紹了有關研究學人；海野典子博士惠贈了她本人的有關研究成果和土耳其文譯本，日本學界在穆斯林世界研究方面的先行和深度讓我一直對他們心存敬意，多年來受教良多，在此一併銘記並致謝忱。

　　本書由韓小鋒博士候選人負責通譯，我負責遴選翻譯內容、勘定翻譯體例、潤色編校文字、撰寫導讀文章，並將其中某些內容同奧斯曼土耳其文做了校勘。雖然經歷了長期琢磨，但因原著包含了奧斯曼土耳其文、阿拉伯文、俄文、日文、維吾爾文、蒙古文、滿文、中文等多種語言文字，特別是作者根據當時、當地人的發音轉寫的漢語，解讀時存在很大困難。翻譯中黎永祥老師、忽增朋博士在阿拉伯語及阿拉伯文獻方面，柳亞芳博士在奧斯曼文及現代土耳其文文獻方面，吾斯曼江博士

在突厥語方面，王啟明博士在滿語方面，馬超博士、李沖博士和陳天堂博士在文獻資料方面，以及黑振桐、陳培良、楊少華等先生在天津、上海、黑龍江的地名和回族歷史方面給予過很多幫助。我的好友王閣為我拍攝了東京多磨靈園阿布杜熱施德・伊布拉欣的墓碑及其他資料。出版之際，一併記錄，以示紀念。

馬強

2021 年 5 月

國家圖書館出版品預行編目資料

阿布杜熱施德‧伊布拉欣中國紀行 / 阿布杜熱施德‧伊布拉欣著；馬強, 韓小鋒
譯. -- 初版. -- 臺北市 : 蘭臺出版社, 2021.11
面； 公分. -- (伊斯蘭文化研究；1)

ISBN 978-626-95091-0-2(平裝)
1.遊記 2.中國

690   110015683

伊斯蘭文化研究系列 01

阿布杜熱施德‧伊布拉欣中國紀行

作　　者：阿布杜熱施德‧伊布拉欣
譯　　者：蘇布黑‧費熱紮提、科瑪魯‧霍加
中文譯者：馬強、韓小鋒
主　　編：盧瑞容
編　　輯：楊容容
美　　編：凌玉琳
封面設計：塗宇樵
出 版 者：蘭臺出版社
發　　行：蘭臺出版社
地　　址：台北市中正區重慶南路1段121號8樓之14
電　　話：(02)2331-1675或(02)2331-1691
傳　　真：(02)2382-6225
E—MAIL：books5w@gmail.com或books5w@yahoo.com.tw
網路書店：http://5w.com.tw/
　　　　　https://www.pcstore.com.tw/yesbooks/
　　　　　https://shopee.tw/books5w
　　　　　博客來網路書店、博客思網路書店
　　　　　三民書局、金石堂書店
經　　銷：聯合發行股份有限公司
電　　話：(02) 2917-8022　　傳 真：(02) 2915-7212
劃撥戶名：蘭臺出版社　帳號：18995335
香港代理：香港聯合零售有限公司
電　　話：(852)2150-2100　　傳真：(852)2356-0735
出版日期：2021年11月 初版
定　　價：新臺幣 800 元整（平裝）
ISBN：978-626-95091-0-2

Mehmed Paksu
trans., Abdurrepd Ibrahim, Yirminci Asrin Başlarinda Âlem-i İslam ve Japonya'da İslamiyet'in
Yayilmasi (The Islamic World and the Spread of Islam at the Beginning of the Twentieth Japonya'da
İslamiyet'in Century), İstanbul: Nesil Yayinlari, 2012